나는 갭 투자로 300채 집주인이 되었다

나는 갭 투자로 300채 집주인이 되었다

제1판 1쇄 발행 2016년 7월 18일
　　　　28쇄 발행 2019년 1월 31일

지은이 박정수
펴낸이 전호림
기획제작 ㈜두드림미디어
마케팅 박종욱 김선미 김혜원

펴낸곳 매경출판㈜
등　록 2003년 4월 24일(No. 2-3759)
주　소 (04557) 서울특별시 중구 충무로 2(필동 1가) 매일경제 별관 2층 매경출판㈜
홈페이지 www.mkbook.co.kr **페이스북** facebook.com/maekyung1
전　화 02)333-3577(내용 문의 및 상담)　02)2000-2636(마케팅)
팩　스 02)2000-2609 **이메일** dodreamedia@naver.com
인쇄·제본 ㈜M-print 031)8071-0961
ISBN 979-11-5542-503-9(03320)

책값은 뒤표지에 있습니다.
파본은 구입하신 서점에서 교환해 드립니다.

나는 갭 투자로 300채 집주인이 되었다

박정수 지음

아파트 300채 부자
박정수가 공개하는
화제의 투자법 대공개!

갭 투자
이론과 실전사례
최초 大 공개!

매일경제신문사

| **글을 시작하며** |

"세인들은 다른 사람이 자신보다 10배 부유하면 헐뜯고, 100배가 되면 두려워하고, 1천 배가 되면 그의 일을 해주고, 1만 배가 되면 그의 하인 노릇을 한다. 이것이 사물의 이치다."

– 사마천의 《사기》, 〈화식열전〉 중에서

나의 아파트 300여 채는 피와 눈물의 역사다.
지금 이 책은 나의 억울함과 오기, 열정의 결과물이자 여러분에게 드리는 나의 피와 눈물의 보답이자 선물이다. 나의 이 책이 여러분의 인생을 180도 바꿀 거라 확신한다.

난 지금 이 책을 쓰는 현재 아파트 300여채를 소유하고 있다.

서재 책장 안에 꽂혀 있는 나의 아파트와 오피스텔의 등기 서류를 쳐다보다 보면 종종 눈물이 나곤 한다. 남들은 그저 아파트를 한 채 구입할 때 그냥 열심히 돈을 모아서 한 채 구입하면서 거기에 만족하고 사는지 모르겠지만 난 이 수많은 아파트를 가지려 얼마나 많은 노력을 했었던가?

난 2007년 보험설계사로 한창 일을 하고 있을 때 갑자기 위암 3기에 걸렸었다. 위암으로 투병을 하는데 회사에서 월급이 안 나오더라. 정말 월급 한 푼 안 나오더라. 내가 위암에 걸리기 전까지만 해도 내 모든 것을 다 바쳐 회사를 위해서 최선을 다하고 살았는데도, 회사는 내가 아파서 생사를 넘나드는데도 영업직이라는 이유로 월급을 지급하지 않더라는 것이다.

억울했다. 회사가 날 이렇게 인정하지 않을 줄 몰랐다. 내가 회사를 위해서 얼마나 많이 희생을 했었는데. 그때 난 바로 느꼈다. 회사는 날 책임져주지 않는다는 것을.

즉 내 자신이 경제적인 힘이 있어야 함을 느끼기 시작했다. 곧바로 난 아파트 투자를 열심히 공부했고 그것을 바로 실행했다. 이런 일을 당해도 힘이 없는 내 자신이 초라했기 때문이다.

이후 난 항암투병을 하면서 열심히 일을 하고 있는데 회사에서 억울하게 해촉이 되는 일이 발생했다. 나 참! 화가 치밀어 올라서 원. 너무나도 억울했다. 내 인생의 주인이 내가 아니라 회사였다. 나를 회사의 마음에 들지 않는다고 바로 해촉하는 것이었다. 나는 그때 부글부글 발생하는 그 화와 오기를 가지고 아파트 투자에 미친 듯이 매진했다. 목표를 세웠다. 아파트 100채를 꼭 갖고야 말겠다고. 거대한 부자가 되고 말겠다고. 그래서 이러한 억울한 일이 생겨도 절대 구차하게 사는 사람이 아닌 당당한 부자가 되고야 말겠다고.

 이후에 입사한 재무설계회사에서도 1년 동안 1위를 달리며 승승장구했었지만 회사의 손실이 크다는 이유로 갑자기 청산을 해버렸고 난 또 아무 이유 없이 또 해촉이 되었다. 두 번의 연속된 해촉! 참 기가 막혔고 화가 치밀어 올랐다. 하지만 난 다시 크게 웃으며 더욱 소형 아파트 투자에 매진했고 집중했다. 2011년까지 아파트 100채를 꼭 이루고 말겠다고 미친 듯이 외치고 또 외쳤다. 집에도 '2011년까지 아파트 100채를 꼭 이루고 만다'라고 이곳 저곳에 붙여놓고서는 시간 날 때마다 그것을 읽었고 지갑에도 이 내용을 붙여놨고 회사 내 자리에도 이 내용을 붙여놓고서는 매일매일 외치고 다짐했다. 그리고 결국 난 2011년 아파트 100채를 이루었다. 거대한 부자가 되기 시작했다.

 남들은 내가 소형 아파트를 투자하고 다닐 때 다들 말렸다. 모두 다 "아파트를 사게 되면 너 폭싹 망한다"고 말하더라. 하지만 난 믿을 게 아파트밖에 없었다. 나에게 주어진 현실에서 정말 믿을 것이라고 할 수 있는 것은 오직 부동산, 즉 소형 아파트밖에 없었다.

 그리고 결국 그것에 집중하고 매진한 결과 지금 이렇게 부자가 되었다. 그때 나에게 아파트 투자를 말렸던 그 많은 사람들은 지금 어디에서 무엇을 하고 있는지 모르겠다.

내가 지금 이후로 어떤 억울한 일을 당해도 내가 힘이 없어 그저 당하고 눈물 흘릴 일은 이제는 없다. 지금의 나에게 발생하는 아파트 수입은 나의 연봉과 감히 비교할 수 없을 정도로 많고 거대하기 때문이고 또한 이런 지금의 나는 그 어떠한 상황에서도 당당할 수 있는 경제력과 배포를 가졌기 때문이다.
그 억울함과 오기 그리고 열정이 없었다면 지금의 내 자신의 모습은 없을 것이다.
회사에서 갑자기 억울하게 해촉이 되었을 때, 어제까지만 해도 건강하던 내가 위암에 걸려 수술을 받고 이후 항암치료를 받을 때, 그 항암치료를 받고 있을 때 월급이 나오지 않아 경제적으로 힘들 때, 그때는 너무나도 힘들었지만 지금은 그때의 그 경험이 날 더 크게 만들어준 은인 같은 존재라고 생각한다.

남들은 술을 먹을 저녁 시간에 난 지방에 내려가서 다음날 아침 그 아파트를 보고 싶어 했고 그 아파트를 가지려 아침부터 수도 없이 집주인에게 간절히 빌어보기도 했다. 내가 지방의 아파트를 알아보려, 항암투병으로 몸이 정상상태가 아님에도 불구하고, 코란도를 끌고 지방 방방곡곡을 이리저리 돌아다녔다. 그 와중에 기절도 하고 구토도 하며 소중한 아파트를 내것으로 만들기 위해 얼마나 많은 노력을 기울였던가?

아파트라는 것에 대해 하나도 알지 못하던 나!

그런 내가 처음 소형 아파트를 한 채 두 채 늘려나갈 때 얼마나 많은 희열을 느꼈겠는가?

내가 아파트를 구입하기 시작한 것도 항암치료를 미친 듯이 받을 때였으니 내 몸도 성치 않을 때 난 무식하게 아파트를 구입했고 또 계속 보러 지방을 돌아다녔다.

그런 와중에 부동산 사기꾼들을 만나서 대전의 아주 쓰레기 같은 아파트를 6채나 사서 거의 2억에 가까운 돈을 손해를 보기도 했고, 인터넷 부동산 투자 카페를 통해 아산의 아파트를 3채나 사서 지금도 땅을 치며 후회하고 있고, 어느 분의 소개로 부천의 재개발 투자처를 구입해서 얼마나 큰 후회를 했는지 모른다. 이 세 지역에 투입된 6억 여 원의 자금이 나의 암투병 중에 너무나도 힘들게 벌었던 돈이었기에 아픔은 일반인들의 그것과는 너무나도 다르다.

내 책장에 있는 나의 등기서류들. 그 등기서류들이 나의 피와 눈물의 역사다.

그 역사를 만들기 위해 난 7~8년 동안을 거의 아무 것도 쓰지 않고 그저 양복 한 벌로 1년을 지내고 남들이 좋은 밥을 먹을 때 난 5,000원을 넘지 않는 밥만 먹었다.

그 돈을 아껴서 소형 아파트를 한 채라도 더 빨리 사고 싶어서 말이다. 미련해도 이렇게 미련했을까?

내가 술이 너무나도 먹고 싶을 때는 편의점 앞에 앉아서 막걸리 2병 정도를 혼자 마셨다. 그래야 돈도 조금 들고 빨리 취하니까. 그렇게 해야 돈을 아낄 수 있으니까. 그렇게 해서 모은 금액으로 아파트를 샀다.

그런 아파트가 바로 지금의 나를 만든 것이다.

등기서류를 넘기다보면 그때 그 아파트를 구하기 위해 얼마나 열심히 돌아다니고 거리에서 파는 1,000원짜리 옥수수를 씹으며 더 좋은 아파트는 없나 구하러 돌아다녔던 서글픈 기억들이 생생하게 난다. 아파트를 보러 다니면서 내가 꼭 이렇게까지 해야 하나 싶어 눈물을 흘린 적도 많았다.

내가 소유한 나의 아파트와 오피스텔이 나의 살보다 더 진한 존재다. 그래서 어떨 때는 등기서류를 볼 때 콧등이 시리고 애잔하다. 그게 바로 나의 지금의 300여 채 아파트다.

이 책의 제목대로 난 소형 아파트 갭 투자를 통해서 지금의 300여 채의 아파트와 오피스텔을 소유하게 되었고 거대한 부자의 위치에 오게 되었다. 갭 투자라는 것은 아파트의 매매가와 전세가의 차이의 금액만큼을 가지고 아파트를 구입하는 투자방법이다.

하지만 무조건 아무 아파트를 갭 투자를 해서 구입하라는 것이 아니라 저자가 이 책에서 말하는 방법을 가지고 여러분이 갭 투자를 통해 아파트를 구입하게 되면 획기적으로 빠른 시간에 수십 채 또는 100채의 아파트를 소유할 수가 있고 결국 여러분도 거대한 부자로 살아갈 수 있다고 확신한다.

내가 이렇게 부자가 된 이후 나의 소중한 부동산 노하우를 구체적으로 밝히는 이유는 무엇일 것 같은가? 대부분의 부자들은 자기의 노하우를 절대로 밝히지 않는데 말이다.

그것은 바로 나의 아버지가 나에게 가르친 가르침, 즉 '박정수 너로 인해 너의 주변을 밝게 해라!'는 가르침이 지금 이렇게 나의 노하우를 밝히는 이유 중 가장 큰 이유다.

그 다음은 바로 내가 아파트를 구하려고 그렇게도 많이 돌아다니면서 너무나도 고생을 많이 했었고 수차례 사기도 당했었고 잘못된 투자를 통해 수억 원을 잃기도 했었기에 부디 이 책을 읽는 선한 여러분들은 나와 같은 아픈 경험을 하지 않았으면 해서다.

 나라고 왜 수년 동안 그렇게도 어렵고 힘들게 얻은 노하우를 이렇게 쉽게 공개적으로 밝히고 싶겠는가?
 하지만 제대로 된 부자라고 한다면, 다른 사람들에게 존경을 받을 만한 부자라고 한다면 많은 사람들에게 베풀 줄 알아야 한다는 게 나의 지론이다. 이래야 이 사회가 나를 부자로 만들어 준 환경을 제공한 것에 대해 보답하는 길이기 때문이다.

 나의 전작인《왕초보도 100% 성공하는 부동산 투자 100문 100답》에서도 말을 했었지만 이 책을 그저 아무나 읽지 않았으면 한다.

 성품이 좋고 하루하루를 열심히 그리고 성실히 살아가는 사람들, 하지만 그렇게 열심히 살면서도 성공을 하고 싶지만 희망이라는 빛을 보지 못하며 살고 있는 사람들이 부디 이 책을 읽었으면 한다. 그들에게 이 책은 선명한 길을 제시해 줄 것이고 그 분들의 인생을 바꾸는 계기가 될 것이라고 난 확신한다.
 이기적이고 성실하지 않은 사람, 공짜의식에 젖어 있는 사람, 남에게 고마워할 줄 모르는 사람, 어떠한 노력도 없이 달콤한 열매나 따먹으려고 하는 사람들에게는 절대로 나의 소중한 노하우를 밝히고 싶지가 않다.

제발 아무나 읽지는 말았으면 한다. 부탁이다.

여러분이 진정 거대한 부자가 되고 싶은가? 그렇다면 이 책을 읽고 실행에 옮겨라. 여러분이 이 책에서 내가 말하는 방법대로 실행에 옮길 때 주변에서 반대가 아주 심할 것이다. 그들이 부자가 아니기 때문에 당신의 부자가 되려고 노력하는 모습들에 대해서 잘 이해를 못하는 게 당연하다. 남들이 뭐라고 하건 그런 말들은 듣지 말고 내가 여기에서 밝히는 노하우를 바탕으로 무조건 실행에 옮겨라. 그렇게 하다보면 여러분의 인생이 180도 바뀌어 가고 있음을 느끼게 될 것이다. 그렇게 인생이 바뀌고 남들이 두려워할 만한 거대한 부자가 되는 여러분의 모습을 상상해보라.

여러분도 이 책을 통해 남들보다 천 배, 만 배 부유한 사람이 되어 멋진 성공과 부를 얻기 바란다.

박정수

contents

| 글을 시작하며 | … 5

Part 01 왜 부자의 길을 선택했는가?

- **01** 바보처럼 저축만 죽도록 했다 … 19
- **02** 아파트 투자에 눈뜨게 한 위암 … 23
- **03** 부동산 시장에는 사기꾼들이 넘쳐나 있다 … 28
- **04** 두 번의 해촉, 그리고 아파트 100채와 300채 … 32
- **05** 왜 부자가 되고 싶었을까? … 36

Part 02 부자의 시작은 생각의 전환부터!

- **01** 생각의 전환이 당신을 부자로 만든다 … 45
- **02** 계속 전세로 살 것인가? … 56
- **03** 전세가는 계속 오를까? 그리고 전세 제도는 계속 존재할까? … 59
- **04** 계속 노예로 살 것인가? … 64
- **05** 노예로 살지 말고 거대한 부자, 인생의 주인으로 살자 … 71
- **06** 여러분이 바로 애국자다 … 78
- **07** 월세가 정답일까? … 82
- **08** 고액 연봉? 부자가 아닐 수 있다 … 86
- **09** 부동산 부자들은 대부분 바보다 … 89
- **10** 세금이 도와준다 … 92
- **11** 전세는 보물인가? 폭탄인가? … 99

Part 03 왜 '갭 투자'인가?

01 부동산은 땅 투자가 최고다? … 107
02 요즘 빌라와 다세대주택을 많이 짓는다고 하는데 … 110
03 경매는 부동산 투자의 꽃이다? … 114
04 연예인들은 상가와 빌딩투자를 많이 한다는데 … 120
05 어떤 지역에 투자해야 하는가? … 123
06 지방이 오히려 보물일 수도 있다 … 129
07 수도권에도 기회는 많다 … 132

Part 04 부자가 되는 유일한 길, 갭 투자

01 1단계 _ 자본금 모으기 … 143
02 2단계 _ 대출을 활용하기 … 145
03 3단계 _ 1,000만 원으로도 부자가 될 수 있다 … 149
04 4단계 _ 매월 60만 원이면 아파트 20채 집주인이 된다 … 157
05 5단계 _ 1억 원을 갖고 아파트 100채로 사이즈를 키워라 … 164
06 갭 투자의 장점 … 170
07 여러분도 거대한 부자가 될 수 있다 … 184

Part 05 현장에 필요한 갭 투자의 실전 방법

01 갭 투자의 목적 파악하기 … 191
02 목적에 맞는 소형 아파트 고르기 … 196
03 아파트 검색 시 유의사항 … 199
04 세금을 줄이는 노하우 … 207

Part 06 상황에 맞는 투자의 기술

01 신혼부부에게 필요한 선택 … 213
02 대출을 받은 가정 … 218
03 주식 아니면 저축만 하는 맞벌이 부부 … 223
04 고가의 아파트에 살고 있는 중년 부부 … 228
05 땅 부자가 정말 부자일까? … 233

Part 07 갭 투자, 이렇게 하면 실패한다

01 수업료 2억 원 … 237
02 3채에 1억 원짜리 쓰레기 … 241
03 대박을 꿈꿨던 투자 … 245
04 강남의 소형 오피스텔이 미치게 만들다 … 248
05 2,000만 원 손해를 본 서울의 소형 아파트 투자 … 252
06 전세가 비율이 높은 지방의 아파트가 힘들게 하다 … 256

| 박정수의 투자 조언 10계명 | 이것만 지키면 부자가 안 될 수 없다 … 258
| 글을 마치며 | 필자의 수많은 실패가 여러분에게 성공의 밑거름이 되길 … 262

Part

01

왜 부자의 길을
선택했는가?

> 필자는 순진하게도 이 세상이 그저 나(필자)를 위해 존재하는 줄로만 알았었다. 암에 걸리기 전까지는 말이다. 하지만 암에 걸린 그 이후부터 필자 인생은 계속 발생하는 큰 소용돌이 속에서 살게 되면서 필자가 부자가 되지 않으면 인생도 필자 의지대로 될 수 없다는 것을 느꼈다. 그렇게 부자기 되기 위해 참 많은 시간과 노력을 들였으며 실패도 많이 했다. 이번 장에서는 왜 필자가 많은 시간과 노력 그리고 실패를 경험하면서까지 부자의 길을 선택하고 싶었는지에 대해 말하고자 한다.

01
바보처럼 저축만 죽도록 했다

　직장생활을 1998년 외환위기 때부터 시작했다. 워낙 경제가 어렵고 취업이 힘들었던 시기여서 직장을 다닌다는 것 자체가 부모님에게는 큰 효도였다.

　취직을 하자마자 아버지는 월급의 70% 이상은 무조건 저축하라고 당부하셨다. 더 나아가 지키지 않을 수 있으니 매월 월급날에 맞춰 무조건 70%씩 보내라고 하셨다.

　필자는 아버지의 말씀을 아주 잘 들었다. 무조건 보내드렸다. 아버지는 그 돈을 받으면 은행에 넣으셨고 매월 늘어나는 잔고에 흡족해하셨다.

　여기서 우리가 하나 살펴볼 것이 있다. 아버지는 현금 모으시는 것을 아주 행복하게 생각하셨다. 드시고 싶은 것이 있어도 드시지 않으셨고, 사고 싶은 옷이 있어도 사지 않으셨다. 사고 싶은 옷과 비슷한 옷을 시장에서 저렴하게 사실 정도였다. 무조건 아껴 쓰셨고 남은 돈은 무조건 저축하셨다.

 필자도 아버지의 그런 생활을 열심히 따라 했다. 그렇게 죽도록 돈을 모으는 것이 바로 부자가 되는 방법인 줄로만 알았다. 고기를 먹더라도 아주 싼 집만 찾아다녔고, 뭐 하나를 사려고 해도 언제나 쭈뼛쭈뼛할 수밖에 없었다. 그렇게 해서 늘어나는 통장의 잔고에 만족해하면서 말이다. 그러나 이러한 행동은 결국 아무런 소용이 없었다.

 열심히 돈을 통장에 모아봤자 필자가 사고 싶었던 아파트 가격은 통장의 잔금이 늘어나는 속도보다 훨씬 빠르게 올랐다. 하물며 당시에 필자가 살고 있던 허름한 아파트의 전세가마저 더 빨리 올랐다. 그뿐이 아니었다. 주변과 수도권 그리고 지방의 모든 아파트 매매가와 전세가도 마찬가지로 빠르게 올랐다. 게다가 물가까지 필자가 저축해서 받는 이자보다 훨씬 올랐다. 그래서 필자와 아버지는 이 세상을 욕하면서 소주를 마셨던 적이 많았다. 신기하게도 필자와 아버지는 그런 현상을 보면서도 이게 무엇을 의미하는지, 우리가 어떻게 대처를 해야 하는지를 아예 몰랐다. 부동산 시장이 그렇게 변하는데도 전세를 끼고 사자는 생각을 하지 못했다. 몇 년 뒤, 당시 살던 아파트를 전세로 내놓고 다른 지역으로 이사를 가려고 하니 아버지께서는 다음과 같이 말씀하셨다.

"내 아파트를 남에게 전세로 내주면 그 아파트는 바로 망가진다."

필자는 그 말씀을 듣고 바로 팔았다. 그러나 그 아파트는 3년 후에 거의 1억 원 이상 올랐으며 전세가도 1억 원 이상 올랐다. 그저 현금만이 최고라고 생각하는 필자와 아버지가 어떻게 보이는가? 저축만 생각해서 통장에 돈이 쌓이는 것만 봐도 웃음을 지으며 행복한 필자와 아버지가 어떻게 보이는가? 재무지식이 정말 중요한 것이다.

만약 필자가 하루라도 빨리 돈에 대해, 부동산에 대해 알았더라도 그 소중한 돈을 통장에서만 썩게 뒀을까? 그때 돈을 모으는 족족 전세를 끼고 소형 아파트를 사놓았다면 어떻게 되었을까? 아마도 물가가 오르는 것에 기뻐하면서 아버지와 함께 웃으며 소주잔을 기울이고 있었을 것이다.

아버지는 지금 돌아가셨지만 만일 살아계셔서 지금 대출을 받으면서까지 많은 아파트를 사고 있는 필자를 본다면 뭐라고 하실까? 분명 돈은 무조건 은행에 넣어야 하고 대출 같은 것은 절대로 받으면 안 된다고 하시는 분이기 때문에 필자를 계속 혼내셨을 것이다. 그렇게 아파트를 많이 사면 나중에 큰 일이 난다고까지 하셨을 것이다.

  하지만 어쩌면 아닐 수도 있다. 지금까지 이렇게 해서 부자가 된 아들의 모습을 보고 당신의 생각이 잘못되었다면서 생각을 바꾸셨을 수도 있다. 생각했던 것과 현실이 다르니까 말이다.

02
아파트 투자에 눈뜨게 한 위암

　30대 중반에 위암 3기에 걸렸다. 한창 보험설계사로서 열심히 일하면서 성공이 보인다는 생각을 할 때 위암에 걸린 것이다.

　보험설계사였을 때에는 회사에서 유명했다. 아주 잘해서 유명한 것이 아니라 항상 근면하고 긍정적이면서 누구보다도 열심히 노력하고 밤낮없이 뛴 결과, 실적이 밑바닥부터 시작해서 최고 수준까지 올랐기 때문이다. 보험설계사 세계에서는 흔치 않은 경우라 회사 내부에서도 인정을 해주고 주변의 많은 지점에서 강의 요청도 많았다. 그런데 갑자기 위암에 걸려서 항암치료로 일을 못했는데 회사에서 월급이 한 푼도 나오지 않는 것이 아닌가.

사실 수년 동안 죽도록 열심히 일했으니까 회사에서 조금이나마 월급을 주는 걸로만 알았다. 그동안 회사에서 워낙 모범적인 직원으로 인정받았기 때문이다. 하지만 그것은 필자만의 착각이었다.

정말로 회사는 필자가 위암에 걸려 일을 못하는 순간부터 정확히 월급을 지급하지 않았다. 영업직이었으니 영업을 못하면 월급을 주지 않는 것이 당연한데도 필자는 당시에 무척 서운함을 느꼈다. 사실 바보 같은 생각이었지만 말이다.

월급이 몇 개월 동안 안 나오다 보니 만약 필자가 아프거나 다쳐서 일을 못하면 초라해질 수밖에 없겠다는 생각, 그렇게 된다면 그 이후로도 계속 필자의 경제적 상황은 힘들겠다는 생각뿐이었다. 그래서 필자가 일을 하지 않아도 수입이 계속 나오는 뭔가가 필요하겠다는 절실함이 생겼다. 필자에게 끊임없이 수입이 생길 필요를 절실하게 느꼈다.

그런 와중에 부동산에 관심을 갖게 되었고 관련 책들을 구입해서 읽게 되었다. 잠을 자지 않으면서까지 계속 쉬지 않고 읽었다. 하지만 아무리 읽어도 필자 피부에 와 닿는 내용은 정말 많지 않았다. 필자의 갈증을 해갈해주지 못하는 책들에 실망을 느낄 수밖에 없었다. 그러다가 하나님이 선물로 줬다고 생각되는 책을 만났다. 바로 로버트 기요사키가 쓴《부자 아빠 가난한 아빠》였다! 이 책을 읽으면서 필자 머릿속이 밝아지는 것을 느꼈다. 필자의 갈증을 한 번에 완벽하게 씻어주었다. 바로 이 책이었다.

그 책을 수십 번 읽었다. 정말이다. 그리고 로버트 기요사키가 쓴 다른 책도 모두 읽었다. 필자가 지금까지 진정 너무나도 원하던 바로 그 내용들이 이 책에 다 담겨 있었다.

필자는 결심했다. 꼭 부자가 되겠다고. 사실 당시 필자는 너무나도 부자가 되고 싶었다. 쉬고 있어도 계속 현금이 들어오는 시스템을 갖고 싶었다. 로버트 기요사키를 부자로 만든 바로 그 임대 부동산 투자를 해야겠다고 결심했다.

무조건 로버트 기요사키의 주장을 100% 따르기로 다짐하면서 부동산, 즉 아파트를 연구하게 되었다. 암 투병 중에도 지방의 아파트까지 알아보러 다녔다. 체력이 받쳐주지 않아도 무조건 아파트를 더 많이 보고 싶어서 미친 듯이 운전했다.

그렇게 시간이 흘러 점점 임대를 목적으로 하는 소형 아파트에 대해 눈이 떠지고 전문가가 되어 갔다. 그리고 아파트를 한 채라도 더 사기 위해 미치도록 일을 했다. 아마 암 투병 중에 그렇게 미친 듯이 일한 사람은 필자밖에 없을 것이다. 너무나도 소형 아파트를 사고 싶었기 때문에 미친 듯이 일한 것이다. 오직 머릿속에는 소형 아파트밖에 없었고 이 소형 아파트만이 필자 인생을 거대한 부자로 바꿔줄 유일한 방법이라고 외치고 또 외쳤다.

 일을 미친 듯이 하면서 월급을 받으면 바로 소형 아파트를 샀다. 실제로 당시에는 고객을 만나러 가다가 허다하게 구토를 했고 지하철에서 기절하거나 도로에서 쓰러져 잘 일어나지 못하기도 했다. 사람들은 그런 필자를 이해하지 못했다. 필자가 항암 치료를 받으면서도 미친 듯이 일하는 것을 이해하지 못한 것이다. 필자를 돈에 환장한 놈이라고 비난하는 사람도 있었다. 하지만 필자는 그런 말에 귀를 닫았다. 수입이 끊겨서 인생이 비참할 수도 있겠다는 것을 절실히 느꼈기 때문에 필자와 같은 상황을 경험한 적이 없으니 당연히 필자를 이해할 수 없을 것이라고 생각하면서 묵묵히 일만 했다.

 만약 위암에 걸리지 않았다면 지금 필자는 어떤 모습일까? 그냥 아무것도 모른 채 열심히 보험설계사로만 살았을지 모른다. 밤늦게까지 고객 상담을 하고, 사무실에서 상품 설계 자료를 만드는 것이 전부로 생각했을 것이다. 물론 회사 내에서 실적은 상위권에 있으면서 많은 사람에게 "필자처럼 열심히 하면 된다."라는 강의를 하며 다녔을 것이다. 그렇게 해서 번 돈으로 좋은 집 하나를 샀지만 대출을 갚느라고 더 많이 일을 해야 했을 것이다. 항상 좁은 눈으로 살았을 것이고 언제나 우물 안의 개구리로 살았을 것이 확실하다.

필자는 10년 전에 위암에 걸려 지금의 필자가 있다고 생각한다. 지금과 같은 거대한 부자가 되었다고 생각한다. 그 위암이 필자를 더 크고 위대하게 만들었으며 현금 흐름의 중요성을 알게 해줬다. 또한 부동산에 눈뜨게 하면서 소형 아파트의 중요성을 알게 해줬다. 그 위암이 아니었다면 지금 필자가 이렇게 300여 채의 아파트를 가진 거대한 부자가 될 수 있었을까? 절대 되지 못했다.

솔직히 위암이 고맙다. 정말 고맙다. 그 위암이 필자에게 인생이 무엇인지 알게 해줬고 부동산에 관심을 가져야 한다는 계시를 내려줬기 때문이다. 결국 그 위암이 필자를 이렇게 부자로 만들어준 것이 아닐까? 필자 인생을 완전히 180도 바꿔주었다. 참 좋은 친구였다. 필자의 위암은.

03
부동산 시장에는 사기꾼들이 넘쳐나 있다

　위암 투병 중인 그 힘든 몸을 이끌고 보험설계사를 열심히 하면서 월급 받는 족족 소형 아파트를 사 모으는 초반만 해도 필자가 스스로 판단할 실력이 없었다. 그냥 공인중개사들이나 자칭 부동산 전문가라는 사람들이 좋다고 하면 정말 좋다고 생각했다.

　위암 투병 중에 번 돈은 필자 생명을 담보로 버는 돈이었다. 담당 의사도 안정을 취하고 일은 절대 하지 말라고 했지만 필자는 무조건 일을 해야 한다는 생각에, 하면 안 된다고 하지만 사무실에 라꾸라꾸침대를 놓고 매일 자면서까지 일했다. 아버지의 무서운 반대에도 쉬지 않고 일한 것이다.

　영업으로 성공의 맛을 한 번 본 사람은 그 맛을 잊지 못한다. 그래서 다시 그 성공의 맛을 보기 위해 사력을 다해 노력하거나 재기하는 것이다. 필자는 당시에 거대한 목표가 있었다. 바로 '소형 아파트 50채'였다. 초보였기 때문에 50채로 목표를 잡은 것이다.

주중이나 주말이나 지방으로 소형 아파트를 보기 위해 참 많이 돌아다녔다. 서울, 수도권 쪽을 알아봤지만 투자 금액이 너무 커서 도저히 감당이 되지 않았다. 그러니 열심히 지방 쪽으로 돌아다니는 수밖에 없었다.

이때 가슴 아픈 경험을 겪게 되었는데 대전에서 필자와 같은 사람을 먹잇감으로 삼는 사람을 만난 것이다. 실제로 필자에게 쓰레기 같은 아파트를 5채나 팔아먹은 놈을 만나기도 했다. 당시에는 필자가 완전히 부동산 초보자였으니 그놈들이 봤을 때 얼마나 기뻐했겠는가? 더 많은 필자 돈을 뜯어먹고 싶었을 것이다. 필자를 먹잇감으로 생각하고 군침을 질질 흘리는 하이에나처럼 말이다.

너무나 순박하고 아무것도 몰랐던 필자는 완전히 속아서 그렇게 힘들게 번 돈 중 2억 원 이상을 그냥 처박고 말았다. 필자가 지금 버는 2억 원과 그때 벌었던 2억 원은 차원이 다르다. 지금이야 몸이 좋고 건강한 상태에서 버는 돈이지만 그때 당시에는 항암치료 중이었기 때문에 필자 몸이 생과 사의 사선에서 그저 부자가 되겠다는 의지 하나로 버티던 시기였다. 그 시기에 번 2억 원이 아닌가?

　지금 생각해보면 매우 억울한 일이지만 순진하고 무지했던 필자가 가장 큰 문제가 아니었나 싶다. 그때 산 아파트는 8년 전에 구입했지만 매매가는 오히려 지금 더 떨어졌다. 전세가도 오르지 않는다. 사람들이 싫어하는 지역의 한 동, 두 동짜리 아파트여서 사려는 사람도 없고 전세를 구하기도 너무 힘들다. 전세 대상자를 새로 구할 때마다 필자로서는 너무 불안하다.

　이런 아픔이 여기에서만 끝난 게 아니다. 7년 전에 필자 같은 사람을 상대로 일반 주택을 아주 비싼 금액에 팔아먹은 놈도 있었다. 필자가 방문할 때마다 그 사람은 기독교 관련 TV를 틀어놓고 있었다. 자신은 평상 시에 기독교 TV를 볼 정도로 착한 사람이라고 강조했다. 당시에는 정말 착한 사람인 줄 알았다.

　소개하는 지역이 조금만 있으면 재개발이 이뤄지기 때문에 지금 사놓으면 나중에 큰돈을 번다면서 필자를 도와줄 사람은 착한 자기뿐이라고 했다. 그 말에 속은 필자는 그 주택에 3억 원 이상을 처박았다. 처음에는 그 주택을 사고 나서 그 사람에게 고마워했다. 필자는 그 사람이 이번 거래를 통해 손쉽게 수천만 원의 이익을 남긴 것도 모르고 고맙다고 사례비 명목으로 100만 원 정도를 추가로 드렸다. 이런 바보 중에 바보가 또 있을까? 당시에는 필자가 정말 그랬다.

이후 그 주택은 수리와 보수 때문에 수년 동안 무척 힘들게 했다. 작년에 간신히 팔았지만 손해만 봤다.

필자는 이외에도 사기꾼 같은 사람들에게 속은 경험이 많다. 이러한 경험들을 통해 부동산 시장에서는 초보자를 상대하는 사기꾼 같은 놈, 하이에나 같은 놈이 정말 많다는 것을 알게 되었다. 그저 사람 좋고 순수하고 착한 초보자들은 부동산 시장에서는 나쁜 하이에나 같은 놈들에게 살점을 다 뜯긴다는 것을 절실히 느끼게 된 계기였다.

독자 여러분도 이 점을 꼭 명심하기 바란다. 부동산을 처음 투자하는 사람들의 경우에는 이런 필자 씁쓸한 경험을 하지 않기 위해 신중하고 또 신중해야 한다. 그리고 함부로 아무 사람의 말도 믿어서는 안 된다. 한두 푼이 오가는 게 아니라 수천만 원, 수억 원이 오가는 게 부동산 아닌가? 여러분의 소중한 돈을 하이에나들의 입에 넣어주려고 그동안 돈을 벌었던 것은 아니지 않은가? 부디 조심하자.

04
두 번의 해촉,
그리고 아파트 100채와 300채

　필자가 다니던 보험회사에서 해촉(解囑, 위촉했던 직책이나 자리에서 물러남)을 2번이나 당했다. 그렇게 해촉을 당한 이유에 대해 억울한 면도 많지만 그 이유야 여기에서 말하면 뭐 하겠는가?

　처음 회사에서 해촉을 당할 때에는 소유하고 있는 소형 아파트가 10~20채 정도였기 때문에 많이 불안했다. 당시 목표는 50채였다. 지금 보면 50채가 별 것 아닐 수 있겠지만 당시에는 목표 50채가 필자에게는 거대한 산과 같은 목표였다. 필자가 소유하고 있었던 아파트들 중에는 앞에서 말한 사기꾼에게 속아 산 대전의 아파트도 있었기 때문에 더 빨리 좋은 소형 아파트를 사고 싶었다. 그런데 갑자기 해촉이라니! 갑자기 나가라니! 그것도 그리 큰 문제가 아닌 이유로 말이다. 항암치료를 하면서도 열심히 일해 지점에서 1위를 했고 회사에서도 그 점을 높게 인정해줬는데도 나가라니…. 회사가 너무 미웠다. 필자의 모든 것을 바쳐 거의 9년 동안 최선을 다했고 회사 내에서도 인정받으며 일했는데 말이다.

처음 회사에서 해촉을 당할 때, 필자 자신에게 목표를 소형 아파트 50채가 아니라 100채로 잡자고 맹세했다. 이렇게 억울한 일이 생겨도 절대 힘들지 않고 웃을 수 있도록, 경제적으로 큰 힘을 갖고 어떤 바람에도 흔들리지 않을 만큼의 부(富)를 갖자고 말이다. 그래서 필자는 아파트의 목표를 더 올린 것이다.

해촉을 당한 후 새롭게 구한 직장에서 결국 목표로 했던 100채를 이뤘다. 그 100채를 이루기 위해 얼마나 열심히 일했겠는가? 정말 죽기 살기로 일했다. 새로 들어간 회사에서 영업실적 1위를 할 정도로 미친 듯이 일했다. 그렇게 해야 수입이 많아질 것이고 그렇게 수입을 극대화시켜야 목표 100채를 되도록 빨리 이룰 수 있기 때문이었다.

목표 100채를 필자가 정한 시간에 이뤘을 때 느낀 감동은 이루 말할 수가 없었다. 올림픽에서 금메달을 딴 것 같았다. 목표를 이룬 순간, 참 많이 울었다. 정말 힘들게 이룬 소형 아파트 100채였으니까 말이다.

그런데 필자가 다니던 회사가 손실이 크다는 이유로 갑자기 파산을 선포하고 기존의 자산과 부채는 모회사로 편입한다는 것이 아닌가. 소속된 보험설계사들은 모회사로 옮겨지게 되었다.

처음 그 말을 들었을 때에는 기뻤다. 그 모회사가 예전에 다니다가 해촉이 된 그 회사였다. 필자의 모든 젊음을 다 바치고 암 투병 중에도 열심히 일했던 바로 그 회사에서 다시 일한다니 매우 좋았다. 예전에 필자가 모셨던 고객들은 다시 모실 수도 있었다. 하지만 그 기쁨도 잠시였다. 그 모회사에서 보험설계사 중에 필자만 받을 수 없다는 것이다. 예전에 그 모회사에서 해촉이 되었던 기록 때문이었다.

과연 필자가 그때 어떤 심정이었다고 생각하는가? 많이 억울하게 느꼈을까? 그 모회사에 욕을 퍼부었을까? 아니다. 절대 그렇지 않았다. 오히려 크게 웃었다. 이미 부동산 수입이 어마어마했기 때문에 별로 신경이 쓰이지 않았다. 부동산 수입, 그러니까 필자가 가만히 있어도 끊임없이 들어오는 바로 그 수입이 노동을 해서 얻는 수입보다 훨씬 많았기 때문에 해촉이 또 되어도 개의치 않는 그런 큰 사람이 이미 되어 있었다. 필자는 이러한 변화에 크게 만족하고 있었다. 이런 필자를 모르는 사람들은 그저 필자가 안쓰럽고 불쌍하다며 위로하지만 사실 계속 노동 수입만으로 살아야 하는 그들이 더 불쌍했다.

필자는 이제 과거와는 달리 환경에 지배당하고 흔들리는 사람이 아니라 어떠한 어려움이 와도 당당한 사람으로 이미 거듭나 있었던 것이다. 또 다시 목표를 세웠다. 이렇게 아파트 부자로 살 거라면 아파트 100채가 아니라 아예 300채를 목표로 삼자고 말이다. '더 큰 사람이 되자, 어떠한 매서운 바람에도 흔들리지 않는 바위 같은 사람이 되자, 남들이 부러워하다 못해 아예 선망의 대상이 되자, 어떠한 악조건에도 계속 웃으면서 이겨낼 수 있는 그런 거대한 부자가 되자'라고 목표를 세웠다.

두 번째 회사에서 해촉이 되었을 때 기쁨의 막걸리를 마셨다. 이상하게 해촉이 되었는데도 기분이 좋았다. 해촉이 큰 가르침을 주었으니까. 또한 이런 어려움에 힘들지 않는 사람이 되었다는 사실에 기뻤다.

필자에게 암은 부동산을 알게 해준 계기가, 2번의 해촉은 필자를 거대한 부자로 만들어준 계기가 된 고마운 선물이었다. 해촉이 날 더 빠르게 거대한 부자로 만들어준 것이다.

고맙다. 필자의 위암! 그리고 해촉!

이 2가지의 소중한 경험으로 필자는 예전과는 너무나도 다른 사람이 된 것이다.

05
왜 부자가 되고 싶었을까?

　필자에게 왜 그리 부자가 되고 싶었느냐며 묻는 사람이 많다. 필자는 과소비 같은 것은 할 줄 모른다. 사람들이 이야기하는 명품이 있지도 않았고 좋아하지도 않는다. 어릴 때부터 부모님에게 근검과 절약을 철저하게 배웠고 나이가 들어서도 변하지 않았다. 술은 막걸리를 좋아하며 양주는 입에 거의 대지도 않는다. 그렇다고 골프를 치거나 해외여행을 잘 다니지도 않았다. 그저 일에 미친 사람이라고나 할까? 필자는 월요일에서 금요일까지 열심히, 그리고 토요일과 일요일은 더욱 미친 듯이 일을 했다. 남들이 보면 저 사람이 정말 부자가 맞느냐고 반문할 정도로 수수하고 일에 미쳐 있기만 했다. 그런데 이렇게 살 거라면 굳이 부자가 되고 싶었냐고?

여러분은 '부자'가 드라마에서 나오는 것처럼 값비싼 차를 타고 한량처럼 산다고 생각하는가? 고급 시계를 차고 비싼 옷을 입고 다니는 등 언제나 럭셔리해야 한다고 생각하는가?

필자가 보는 부자의 개념은 다르다. 부자는 바로 자유를 확보한 사람이라고 생각한다.

예를 들어보자. 30대 중반에 필자가 위암에 걸렸을 때 도저히 일을 할 수가 없었다. 항암치료로 몸이 힘들어서 도저히 직업인 보험설계사 일을 할 수가 없었다. 일 욕심이 워낙 많은 필자가 일할 수 없다는 것이 아쉽지만 더 큰 문제는 바로 월급이 나오지 않은 것이었다. 이것이 세상을 다시 보게 된 계기였다. 필자가 아프거나 다치면 회사에서는 당연히 월급을 지급하지 않는다는 사실이 뭔지 모르지만 크게 얻어맞은 기분을 들게 했다. 그때부터 부자가 되어야 하겠다는 생각을 하기 시작했다. 즉, 경제적 자유를 가진 사람이 되어야 한다는 것을 알게 되었다. 필자가 아프고 힘들 때라도 계속 수입이 발생하게 만들어 놓지 않으면 굉장히 어려운 생활을 할 수밖에 없다는 사실, 아픈 필자를 회사는 책임지지 않는다는 사실을 알게 된 순간부터 기존에 살던 방식에 조금씩 변화가 시작되었다.

그 이후 아픈 몸을 이끌고 지방의 여러 도시를 돌아다니면서 부동산을 연구하고 투자를 했다. 물론 실패해서 많은 돈을 날린 적도 있다. 하지만 그것도 지금의 필자를 만든 하나의 과정이라고 생각한다.

　인생의 또 다른 변화 계기는 회사가 필자를 그만두게 했을 때였다. 적자가 심해 폐업할 수밖에 없다는 이유로 아무 잘못도 없는데 회사를 나가야 했다. 솔직히 너무나 초라했다. 회사에서 나가라고 하니 어쩔 수 없이 그만두는 것은 맞지만 내가 내 인생을 선택하는 것이 아니라 선택을 당하는 것이, 그리고 내 노력과는 아무런 상관없이 또 수입이 끊기는 것이 답답했다. 그런 답답함에 다시 한 번 꼭 부자가 되겠다고 다짐했다. 내가 회사에서 잘리거나 어떤 큰일이 있어도 인생에 영향을 받지 않을 그런 사람, 그런 큰 부자가 되어야 하겠다고 느낀 것이다.

　필자에게는 경제적 자유가 매우 절실했다. 사고 싶은 것을 바로 사는 자유가 아니라 어려움에 처했을 때 걱정하지 않고 언제나 당당할 수 있는 그런 거대한 자유를 말한다.

　아울러 필자는 시간적 자유를 갖고 싶었다. 직장을 다니면 필자의 시간, 필자가 하는 일이 다 회사를 위한 것뿐이었다. 도대체 누구의 인생인가? 분명 필자의 인생인데 필자의 인생이 아닌 것 같았다.

　필자는 그러한 것들이 싫었다. 그렇게 살고 싶지 않았다. 필자가 바랐던 모습이 아니었다. 저 높은 곳에 아름다운 태양이 떠 있고, 봄바람이 살살 불어올 때면 마음대로 여행도 다니고 여러 지역의 부동산을 보고 싶었다. 또 만나고 싶은 사람을 시간의 제약 없이 만나고 싶었고 낮술을 마시고 싶으면 그렇게 하고 싶었다. 필자의 소중한 인생이 회사 일에 얽매여 움직이지도 못하고 그 작은 사무실에 필자의 젊음을 다 쏟아야 한다 말인가?

 필자 마음대로 움직이고 싶었고, 필자가 하고 싶은 걸 하면서 시간을 쓰고 싶었다. 시간의 자유를 정말 느끼고 싶었던 것이다. 어쩌면 부자란 이렇게 시간의 자유가 많은 사람이 아니겠는가?

 또한 '선택의 자유'에 대한 갈증이 있었다. 필자는 살면서 선택하고 싶은 것이 많았다. 여러분들도 마찬가지라고 생각한다. 살다보면 뭔가 선택해야 할 것이 많고 고민도 많이 하게 된다. 그런데 경제적인 이유로 선택을 제대로 하지 못하는 경우가 많다. 그 얼마나 초라해지는 순간인가…. 그저 월급이 이만큼이니 항상 그 정도의 범위에서만 선택을 해야 하는 현실이 얼마나 필자 자신을 작게 만드는가? 필자는 그게 싫었다. 필자 선택에 어떠한 제한이 가해지는 것이 싫었다. 마음대로 선택할 수 있는 자유를 갖고 싶었다. 언제나 더 크고 웅장한 가능성에 도전하고 싶었다. 그런데 경제적인 부분 때문에 선택도 못하고 도전도 못한다면 얼마나 초라한 삶인가?

  필자는 부모님을 보면서 수없이 배웠다. 뭔가를 해보고 싶으셔도 항상 주저하시고 주어진 월급에서만 생활하다 보니 생각과 행동의 범위가 작으셨다. 수입도 많이 없으셔서 주변 친척들이 무시하기도 했다. 결국 갈등으로 번져서 다투시는 모습을 많이 봤다.

  또한 옷도 시장에서만 사셨고 두려워서 투자도 제대로 못 하셨다. 항상 저렴한 가격의 음식만 드셨고 돈이 들 것 같아 사람들과의 만남도 많이 갖지 않으셨고 외국 여행도 제대로 하지 못하셨다. 필자는 아버지를 제일 존경한다. 하지만 가장 존경하는 분이 사는 모습만큼은 따르지 않겠다고 다짐했다.

  당당하게 살고 싶었다. 비굴하게 살고 싶지 않았다. 경제적으로 여유를 갖고 살고 싶었다. 돈을 벌기 위해 억지로 하는 일이 아닌 진심으로 하고 싶은 일을 하면서 필자에게 주어진 시간을 필자의 것으로 만들고 싶었다. 돈 때문에 항상 싸구려 옷만 입고 저렴한 음식만 먹는 인생을 살고 싶지 않았던 것이다.

  지금 필자는 그렇게 바라던 부자의 삶을 살고 있다. 필자에게 가장 행복한 것은 뭘까? 그저 좋은 집에서 살고 있는 거? 좋은 차를 타고 다니는 거? 돈을 맘껏 쓰고 살 수 있다는 것?

아니다. 솔직히 그러한 것은 만족감을 크게 주지 못한다. 내 인생을 내 마음대로 살 수 있다는 것, 즉 경제적 자유, 시간의 자유, 선택의 자유를 모두 갖고 있다는 것이 부자가 되어서 가장 행복하게 느끼는 점이다. 무엇보다 이렇게 부자가 되는 과정에서 얻은 경험과 실패 그리고 재능을 열심히 사는 사람들에게 전파해서 도움을 줄 수 있다는 것이 가장 만족스럽다.

부자로서 자유를 가졌다는 것도 큰 복이지만 지금 이 시간 다른 사람에게 도움이 되고자 이렇게 글을 쓰고 있다는 것도 부자가 되어서 느끼는 큰 행복이다.

필자가 부자가 되니 남들에게 굽실거릴 필요도 없다. 불의를 보고 참을 필요도 없다. 뻔히 나쁜 일인데도 알면서 출세를 위해 모른 척 해야 하는 그런 비굴한 태도를 갖출 필요가 없지 않겠는가? 회사에서 잘릴 것 같아 옳은 말 한 번 제대로 못하고 살 필요도 없지 않겠는가? 소중한 가족과 있는 시간을 더 많이 가질 수도 있지 않겠는가?

그렇게 살면서 소중한 사람들이나 열심히 살아도 힘든 사람들에게 필자의 부자 되는 노하우를 알려주며 도움을 줄 수 있다. 도움을 드린 분들이 덕분에 자신의 인생이 완전히 바뀌었다면서 고맙다고 할 때 얼마나 큰 기쁨을 느끼겠는가? 그래서 필자는 행복하다고 항상 느낀다.

이런 인생이 부자의 인생이다. 물질의 풍요를 느끼면서 만족을 느끼는 부자가 아니라, 남들과 함께 할 수 있고 자기의 인생을 당당하게 살아가는 그런 선한 부자, 올바른 부자가 바로 행복을 항상 느끼며 사는 부자 아니겠는가? 이 책을 읽는 여러분들도 이런 사람이 될 수 있을 것이다.

여러분도 필자처럼 이런 경제적 자유, 시간적 자유, 선택적 자유를 느끼며 살고 싶지 않은가? 여러분도 그렇게 될 수 있다. 그리고 그 자유를 느끼며 주변 사람들에게 선한 영향력을 끼치고 봉사를 많이 하는 그런 올바른 부자가 되어 보자. 필자가 이 책을 쓰는 이유도 바로 여러분이 그러한 부자가 되기를 바라는 마음에서다.

Part 02

부자의 시작은 생각의 전환부터!

"

회사에서 일을 열심히 하면 부자가 될 것 같은가? 전문직으로 일하면 부자가 될 것 같은가? 당신의 쉼 없는 노동으로 정말 부자가 될 것 같은가? 노동만으로, 직업만으로 부자가 되는 시대는 이미 끝이 났다. 이제는 당신의 노동이 아닌 마인드, 즉 생각의 전환으로 부자가 되는 시대다. 거대한 부자들은 자기 돈이 아닌 남의 돈으로 산다는 것을 아는가? 이번 장에서 이 부분에 대해 말하고자 한다.

"

01
생각의 전환이 당신을 부자로 만든다

　필자가 많은 분과 상담하다 보면, 아직도 부자가 되는 방법을 좋은 대학 입학, 대기업 입사 등으로 생각하는 사람이 많다. 전문직이 되면 당연히 부자가 된다고 생각한다. 또한 부모가 부자면 금상첨화이며 흙수저를 들고 태어난 사람은 절대 부자가 될 수 없다고 믿는 사람이 의외로 많았다. 하지만 필자는 이 말에 절대로 동의하지 않는다.

　좋은 대학교에 들어가서 공부하고 대기업에 입사했다고 생각해보자. 대기업에 들어갔으니 당연히 연봉도 많이 받을 것이다. 얼마나 좋겠는가? 하지만 대기업이 연봉을 많이 준다는 것은 그만큼 일을 많이 시키고 있다는 말이 된다. 현실적으로 대기업에서 일하는 사람들치고 개인 시간을 갖기는 매우 힘들다. 주말에도 일해야 한다. 자연스럽게 가족을 챙길 수도 없게 된다. 가족은 회사 다음이 되는 것이다.

이렇게 바쁘면 따로 시간을 내서 부동산을 보러 다닐 수 있을까? 일요일에 다닐 수 있다고 말할 수 있지만 일요일에는 공인중개사 대부분이 쉰다. 즉, 대기업에 다니는 사람들일수록 경제가 어떻게 돌아가는지 알지 못하므로 부동산에 대해서도 제대로 알 수 없는 사람이 된다.

전문직은 이보다 더 한다. 의사의 상황을 한번 보자. 의사는 아침부터 저녁까지 환자를 진료해야 한다. 조금이라도 쉬고 싶어도 쉴 수가 없다. 계속 진료해야 하고 병원에 온 환자를 거부할 수도 없다. 소문이 조금이라도 잘못나면 병원은 문을 닫을 수 있다. 그리고 요즘은 병원마다 경쟁이 심해서 노동의 강도도 더욱 심해지고 있다. 이런 의사가 부동산에 관심이 많다고 해도 알아볼 시간이 생기기나 할까? 필자가 관리하는 회원 중에 치과의사 한 분이 계신데 의사생활이 너무 지루하고 힘들다면서 틈틈이 주식을 한다고 하셨다. 하지만 주식으로 수익을 낸다는 것은 매우 어렵다. 시장을 좌지우지할 정도의 돈을 가진 기관 투자자, 외국인 투자자에다 주식투자만을 업(業)으로 삼고 있는 개인 투자자까지 있는데 어떻게 그 많은 진료를 하면서 시간 날 때마다 하는 투자로 돈을 벌 수 있을까?

실제로 이 분은 주식투자를 하면서 수억 원을 잃었다고 한다.

또한 전문직에 계신 분들 중에는 주변 사람들의 권유로 인해 잘못 투자해서 손해를 보신 분이 상당히 많다.

일반적인 샐러리맨에게는 직장을 다니면서 연봉이 올라가는 일이 매우 기쁜 일이지만 실제로 이런 상황은 정부가 더 좋아한다. 연봉이 올라갈수록 세율이 급격하게 높아지면서 세금도 많아지기 때문이다. 일반적으로 직장인의 꿈은 '연봉 1억 원'이라고 한다. 하지만 연봉으로 1억 원을 받으면 세금이 거의 4,000만 원에 가깝게 나오는 사실을 아는가?

전문직은 더 심하다. 전문직, 즉 의사, 변호사, 회계사 등의 경우 샐러리맨보다 훨씬 높은 수입을 얻지만 그 큰 소득금액에서 40% 정도나 되는 엄청난 금액을 세금으로 내야 하기 때문에 오히려 많이 벌어서 모두 다 세금으로만 빠져나간다며 불평한다. 이런 상황에서 과연 부자가 나올 수 있을까? 필자는 부자가 나오기는 정말 힘들다고 생각한다.

좋은 대학을 입학하기 위해, 좋은 직장에 입사하기 위해, 그리고 전문직이 되기 위해 얼마나 피땀 어린 많은 노력을 했겠는가? 다른 사람들보다 정말 많은 노력을 했을 것이다. 남들이 잠을 잘 때, 쉬고 있을 때, 놀고 있을 때도 공부하면서 자신과의 싸움에서 이긴 사람들이다. 그러니 사회에서 당연히 좋은 대우를 받아야 하고 더 많은 존중을 받아야 하는 것이 맞다. 그렇게 다른 사람들보다 열심히 노력을 했으니 말이다.

하지만 우리가 살아가고 있는 이 자본주의 사회는 이렇게 열심히 노력하고 고생한 이 사람들이 부자 되기 힘든 환경을 제공하고 있다는 점을 말하고 싶다.

필자는 학교를 다닐 때 공부를 잘하지 못했고 전문직이 되고 싶어도 될 수 없는 학력을 갖고 있었다. 오히려 사람 만나서 어울리는 것을 좋아했고 술 마시고 노래하는 것을 좋아했다. 하지만 지금 필자는 큰 부자가 되었다.

남들이 사무실에서 일할 때, 병원에서 진료를 볼 때, 법정에서 일할 때 필자는 전국 방방곡곡을 돌아다니면서 부동산을 보고 또 보고 연구하고 또 연구를 했다. 물론 실패를 수없이 했고 사기도 당하고 부동산 사기꾼들에게 속기도 했다. 하지만 지금은 그 모든 과정을 견디고 이겨내 지금 수백 채의 아파트를 가진 부자가 되었다. 만약 평범한 직장인이었다면 지금의 이 자리에 있을 수 있었을까?

생각을 바꿔야 한다. 지금은 좋은 학벌, 전문직이 부자 되는 시대가 아니다. 또한 노동만으로 부자 되는 시대는 더욱 아니다. 물론 우리가 살고 있는 이 자본주의 사회에서 노동은 높이 존중받아야 하고 그 노동을 통해 세상의 이치를 알아가야 한다는 것에 대해 필자도 적극 동의한다. 수많은 사람이 엄청난 노동의 결과 끝에 지금의 자리에 오게 되었음을 부정하지 않는다. 대신 그 노동으로 번 돈을 제대로 활용할 줄 알아야 한다는 것을 말하고 싶다. 필자가 주장하려는 것은 다음과 같다.

1. 대출을 최대한 받아라

사람들 대부분은 대출을 싫어한다. 대출을 받으라고 하면 이해할 수 없다고 한다. 대출 이자를 갚는 것이 싫다고 한다. 대출을 받으면 내일이라도 검정 양복을 입은 사람이 집 앞에 기다릴 것 같고 대출을 빨리 갚으라고 협박을 할 것 같다고 한다. 잘못하면 내 집이 대출 때문에 경매로 넘어가는 것 아니냐는 사람도 있다. 그래서 대출을 받으면 그 다음 달부터 대출을 갚느라 정신이 없다. 생활비도 제대로 쓰지도 못하고 무조건 대출만 갚는다.

반면 부자들은 대출을 좋아한다. 대출을 사랑한다. 그래서 대출을 최대한 받고자 노력하고 또 노력한다. 대출을 더 받을 수 없는지 연구할 정도다.

대출은 부자가 되는 속도를 급속하게 빠르게 해준다. 돈을 모아서 부자가 되는 시간보다 10배 이상 빠르게 해준다. 초고속도 이러한 초고속이 없다. 그러므로 대출을 최대한 받아야 한다. 그리고 그것으로 투자해야 한다. 물론 올바른 곳에 투자해야 한다.

필자가 이렇게 빠른 시간 안에 거대한 부자가 된 것은 대출의 힘이 절대적이었다. 처음부터 무슨 돈이 얼마나 있었겠는가? 대출을 최대한 많이 받았고 그 대출금액을 적절하게 이용한 결과, 대출은 부자가 되는 속도를 빠르게 해주는 로켓과 같은 존재라는 사실을 알게 되었다.

2. 저축을 하지 마라

요즘 열심히 저축만 하는 사람들을 보면 솔직히 한심해 죽겠다. 왜 그리 저축만을 좋아하는지 모르겠다. 저축은 여러분들을 더욱 가난하게 만든다. 물가는 연간 4% 이상씩 오르는데 이자 2%를 위해 열심히 저축하는 것이 과연 올바른 재테크인가? 물가보다 낮은 이율을 주는 저축은 가입한 순간부터 손해를 안고 시작하는 것과 같다는 것을 알아야 한다. 게다가 쓸 거 안 쓰고 갈 곳 안 가고 해서 모아봐야 이자는 쥐꼬리보다도 못하다.

　돈을 모으는 것에 대해서는 필자도 찬성한다. 돈은 모아야 한다. 그렇게 해서 목돈을 만들고 그 목돈으로 뭔가를 투자할 수 있기 때문이다. 그렇다고 은행에 저축하는 것은 바보 같다. 은행에 돈을 모아봤자 이자는 쥐꼬리보다 작으며 게다가 그 이자에 세금도 떼어간다. 벼룩의 간을 빼먹는 격이다.

　은행 저축만을 좋아하는 것이 얼마나 바보 같고 좋은 기회를 놓치는 행동인지 그리고 금융회사에 난도질을 당한다는 것을 알아야 한다.

　돈은 그렇게 모으는 게 아니다. 금융을 통해 돈 모으는 방법은 따로 있다. 필자는 오직 변액이라는 금융상품과 소형 아파트를 통해서만 돈을 모은다. 절대로 은행에만 돈을 넣을 생각은 하지 말기 바란다.

3. 주변 사람들의 말에 귀를 완전히 닫아라

　여러분들의 주변에는 진정한 부자가 있는가? 정말 본받을 만한 부자가 있는가? 주변에 있는 사람들은 다 지금의 여러분과 비슷하다. 그런데 의외로 주변 사람들이 말이 많다. 이게 좋다, 이 상품에 가입하면 수익이 난다, 부동산에 투자하지 말아라, 현금이 최고다, 아파트의 시대는 끝났다 등의 말을 한다.

여러분이 부자가 되고 싶다면 주변 사람들의 말에 완전히 귀를 닫아야 한다. 그 사람들은 부자도 아니고 부자가 되는 방법도 모른다. 여러분이 부자가 되는 것에 대해 반기지 않는다. 만일 부자가 됐다면 주변 사람들이 축하해줄 것 같은가? 절대로 그렇지 않다. 그 주변 사람들은 여러분이 자신과 똑같은 사람이기를 바라고 항상 자신처럼 살기를 바란다. 여러분이 큰 부자가 되기를 바라지 않는다는 말이다. 솔직히 여러분도 그렇지 않겠는가? A와 친하게 지내고 있는데 갑자기 그 A가 부자가 되었다면 부러워할 것 같은가? 아마도 시기하거나 질투를 할 것이다. 그게 바로 사람들의 일반적인 모습이다.

제발 그렇고 그런 주변 사람들의 말에 귀를 닫아라. 그 사람들은 여러분의 아군이 결코 아니다.

4. 전세를 끼고 소형 아파트를 구입하라

필자가 이렇게 큰 부자가 된 비결은 바로 매매가 대비 전세가 비율이 85% 넘는 소형 아파트를 구입했기 때문이다. 그래서 필자는 여러분에게 전세를 끼고 소형 아파트를 사야 한다고 주장하는 것이다. 많은 사람들은 이제 아파트의 시대가 끝났다고 하지만 그것은 하나만 알고 둘은 모르는 사람들의 이야기다. 전세가 비율이 85%를 넘고 주변에 거대한 산업단지나 거대한 직장 군을 가지고 있는 소형 아파트는 바로 여러분을 부자로 만들어준다.

5. 한 번 구입한 소형 아파트는 팔지 말고 계속 갖고 있어라

부동산 전문가들 대부분은 아파트를 사서 몇 년이 지나면 수익을 챙긴 다음에 팔라고 한다. 전문가가 아닌 사람들도 보통 그렇게 알고 있다. 하지만 필자처럼 진정한 부동산 부자들은 한 번 구입한 부동산은 팔지 않는다.

좋은 부동산은 오랫동안 갖고 있으면 어느 순간 폭발이 일어난다. 소형 아파트의 경우 전세가는 시간이 지나면서 계속 오르게 되면서 끊임없이 현금 흐름을 가질 수 있지 않겠는가? 그 '현금 흐름'은 언젠가 멈추는 것이 아니라 여러분이 죽을 때까지 평생 나오는 시스템이 된다. 만일 아파트를 판다고 해보자. 파는 당시에는 현금이 생기지만 그 이후로는 현금 흐름이 완전히 끊긴다.

팔아서 자본 이득을 얻는 게 목표가 아니라 죽을 때까지 계속 현금이 쏟아져 나오게 만드는 시스템을 만들어야 한다. 그게 바로 진정한 부자들의 기술이다.

6. 소형 아파트를 최소한 20채 이상 만들어라

여러분이 가지게 될 소형 아파트는 여러분의 돈이 아닌 남의 돈으로 사는 것이다. 남의 돈으로 여러분의 명의가 된 소형 아파트를 구입하고 그게 모여 여러분의 인생을 바꾸는 것이다. 그리고 거대한 부자가 되는 것이다.

남의 돈으로 여러분의 아파트를 구입한다는 게 이해가 잘 되지 않는가? 그 내용은 다음 장에서 설명할 것이다. 읽고 나면 다들 무릎을 치며 '아하! 남의 돈으로 산다는 것이 이런 것이구나'라고 쉽게 이해하실 수 있을 것이다.

소형 아파트를 20채 이상 갖고 있으면 여러분의 인생은 180도 바뀌게 된다. "아파트 20채를 어떻게 구입할 수 있느냐? 말도 안 된다!"라고 말하겠지만 필자뿐만 아니라 필자가 관리하는 회원들은 얼마나 쉬운지 잘 알고 있다.

일단 소형 아파트 20채만 만들어보자. 이후부터 그 소형 아파트가 저절로 알아서 다 굴러간다. 내가 가만히 있어도 갖고 있는 소형 아파트들이 살아 움직이면서 저절로 아파트 수를 늘려준다. 놀라운 힘을 발휘하면서 내게 자유를 선물해주는 것이다.

그렇게 되면 필자의 소형 아파트들은 필자가 사고 싶어 하는 자동차도, 자녀 교육비도 공짜로 제공해주고 아울러 노후도 알아서 준비해준다. 필자가 인생의 진정한 주인공이 되게 만들어준다.

20채가 바로 그 하한선이다. 20채 이상을 만들면 인생이 상상할 수 없을 정도로 바뀐다.

02
계속 전세로 살 것인가?

　필자가 상담을 하다 보면 우리나라의 부동산이 추락할 것이고 아파트 가격도 크게 떨어질 것이니 전세로 살아야 한다고 주장하는 사람이 많다. 특히 고학력자일수록 이러한 주장을 더욱 많이 한다. 그리고 전세 제도가 자산을 지키는 좋은 방법이라면서 끝까지 전세로 살겠다고 한다. 방송의 뉴스, 신문, 수많은 부동산 관련 책, 그리고 인터넷에서 모두 다 아파트 가격이 떨어질 것이라고 말한다. 과연 그것이 정말 옳은 것일까?
　한번 물어보자. 전세로 살면 2년 마다 전세가는 안 오르는가? 물가는 계속 오르니 당연히 전세가도 오른다. 요즘 저금리 때문에 전세를 월세로 돌리는 사람들이 많아지면서 전세 공급이 빠른 속도로 줄고 있다. 당연히 전세가는 오르게 되어 있다.

이런 상황인데도 전세가는 오르지 않는다는 사람들은 정말 무식한 것인지, 자기주장만 강한 사람인지, 부동산의 성격을 아예 거부하고 싶은 사람인지 모르겠다. 아파트의 전세가, 특히 소형 아파트의 전세가는 계속 오를 수밖에 없다.

그렇다면 방금 말했던 전세로만 계속 살겠다는 사람들은 어쩌면 집주인의 자본적 노예라고 볼 수 있다. 집주인 입장에서 2년이 지나면 전세가를 올리지 않을 것 같은가? 집주인은 자선 사업가나 성직자가 아니다. 투자한 아파트를 통해 수익을 낼 생각뿐이니 당연히 전세가를 올릴 것이다. 어쩌면 월세로 바꿔주지 않아서 고맙다고 큰 절을 해야 할 수도 있다. 요즘 같은 시대에 월세로 돌리지 않는 집주인이 얼마나 고마운가?

세입자 입장에서는 2년마다 전세금을 올려줘야 한다. 이런 세입자는 앞으로도 부동산 시장은 불안하고 가격은 떨어질 것이라는 확신이 강하기 때문에 계속 사지 않고 전세로 버틸 것이다. 그런데 이 전세가가 향후 2년 한 번만 오르고 그다음부터는 안 오르겠는가? 2년 후에도, 4년 후에도 전세가는 오르게 되어 있다. 그러면 그 오른 만큼의 전세 상승분을 집주인에게 바쳐야 한다. 그렇게 계속 세입자는 집주인에게 노예처럼 전세 상승분을 바쳐야 하니 자본적 노예가 아니고 뭐란 말인가? 평생 집주인의 노예로 살 수밖에 없는 것이다.

이런 생활이 싫다면 대출을 왕창 받아서 집을 사라. 최대한 많이 받아서 집값을 다 치르고도 많이 남게 해라. 그리고 그 남는 돈으로 남들에게 임대로 놓을 소형 아파트를 많이 사라. 그러면 된다.

여러분이 살게 될 아파트는 오르든 내리든 상관이 없다. 여러분이 거주할 아파트가 오르면 옆의 아파트도 오르고, 내리면 옆 아파트도 내린다. 그러니 여러분이 거주할 아파트의 가격에 대해 굳이 신경 쓸 필요가 없다.

대신 여러분이 임대해줄 소형 아파트가 2년마다 전세가가 상승하면서 여러분의 대출을 갚아줄 것이고, 여러분을 부유하고 풍요롭게 할 것이다. 그 소형 아파트가 여러분에게 자동차를 사줄 수도 있고 생활비에도 도움을 줄 것이다.

만약 이렇게 아파트를 사기 싫다면 전세 자금 대출을 최대한 받아라. 전세에 들어갈 충분한 금액이 있어도 대출을 최대한 많이 받아라. 그리고 당신에게 되도록 많이 남도록 한 다음, 방금 말했듯이 소형 아파트를 사라. 그리고 전세를 내준 다음, 기다려라. 그러면 당신에게 엄청난 일들이 일어난다.

제발 전세로만 사는 게 아니다. 그건 자본주의의 바보이자 노예라는 사실을 잊지 말자.

전세가는 계속 오를까?
그리고 전세 제도는 계속 존재할까?

대한민국의 아파트 전세가는 어떻게 될까? 계속 오를 것 같은가, 아니면 계속 오르다가 어느 시점에서 하락할 것으로 생각하는가? 아파트에 투자할 때 이 점을 제대로 아는 것이 가장 중요하다.

이 책을 읽는 당신의 나이가 어느 정도인지는 모르겠지만 지금까지 살아오면서 물가가 한 번이라도 내려간 것을 본 적이 있는가? 외환위기(IMF) 때를 제외하고 한 번이라도 물가가 내려간 것을 경험한 적이 있는가? 아마 없을 것이다. 물가는 계속 오른다. 당신이 죽어서 땅속에 묻힐 때까지 물가는 끊임없이 오를 수밖에 없다.

물가는 누가 올리는 것일까? 바로 정부에서 올린다. 정부에서 만든 한국은행에서 매년 물가를 올린다. 정부는 왜 물가를 계속 올릴까? 참 이상하지 않은가? 물가가 오르면 국민이 살아가기 힘든데 말이다. 결론을 이야기하면, 물가가 떨어지는 디플레이션에 직면하면 국가 경제가 치명타를 입기 때문이다. 그래서 세계의 모든 정부가 어떻게 해서든 물가를 떨어지지 않고 계속 올리려고 최선을 다해 노력하는 이유다.

그렇다면 전세가는 어떻게 될까? 전세가는 물가가 오르는 것만큼, 어쩌면 그보다 더 많이 오르게 되어 있다. 물가가 오르는 만큼 아파트 시세도 계속 오를 수밖에 없다고 말하는 사람도 있지만 이 주장에는 동의하지 않는다.

수요에 비해 가격이 매우 높은 아파트는 떨어질 수밖에 없지 않겠는가? 어떻게 아파트 시세가 무조건 오른단 말인가? 저평가되어 있는 아파트는 오르고, 고평가되어 있는 아파트는 내리는 것이 당연한 순리다. 필자가 볼 때 현재 우리나라 아파트 중에서 가격이 내릴 아파트가 상당히 많은 것 같다.

반면 전세가는 다르다. 전세가는 시장에서 한 번 형성되면 잘 내려가지 않는 특징이 있다. 물론 갑자기 수천만 원 오른 아파트라면 다시 떨어질 수 있지만 부동산 시장에서 수요와 공급의 법칙에 의해 정해진 전세가는 웬만해선 떨어지지 않는다.

물가가 오르면서 전세가가 오르지만, 요즘은 집주인이 전세를 월세로 전환하는 경우가 많아 전세 공급이 가파르게 줄어드는 바람에 전세가가 더욱 오른다. 게다가 전세비율이 85% 이상인 인기가 높은 소형 아파트의 전세가는 더욱 더 오를 수밖에 없다.

지금까지 10여 년 동안 필자는 부동산 투자를 하면서 전세가가 떨어지는 아파트는 거의 보지 못했다. 이 점은 우리 같은 부동산 투자자에게 시사하는 바가 아주 크다. 바로 이러한 전세 제도가 필자를 부자로 만들어준 가장 큰 일등공신이다.

여러분은 전세 제도가 우리나라에서 나중에 사라질 거라고 보는가? 우리나라에 존재하는 모든 부동산이 나중에 월세로 전환된다고 보는가? 필자는 절대 그렇지 않다고 생각한다. 모든 부동산이 월세로 바뀐다는 것은 대한민국에 공산주의 정부가 들어서지 않는 이상 불가능하다. 최소한 필자와 필자의 회원이 소유하고 있는 아파트는 절대 월세로 바꾸지 않을 생각이니 우리나라에서 전세 제도가 100% 사라진다는 말은 틀릴 것이다. 즉, 집주인이 전세를 유지하는 이상 전세 제도는 절대 우리나라에서 사라지지 않을 것이다.

또한 임차인은 월세보다 전세를 선호한다. 매달 월세를 내는 부담이 너무나 크기 때문에 전세를 선호하게 되어 있다. 아파트를 투자하는 투자자도 처음에는 가진 돈이 많지 않기 때문에 전세를 선호할 수밖에 없다. 나중에 돈이 많아져서 전세를 월세로 바꿀 수 있겠지만 부동산에 처음 투자하는 사람이 돈이 많아봐야 얼마나 많겠는가? 그러니 임대인이나 임차인이나 전세를 선호하게 된다. 저금리 현상 때문에 많은 임대인이 전세를 월세로 전환한다고 해도 전세가 우리나라에서 완전히 없어지지는 않는다.

전세 제도가 계속 유지된다면 필자처럼 소액으로 소형 아파트에 투자하는 사람들에게는 투자 기회가 많아진다. 솔직히 우리 같은 투자자들에게 전세 제도는 소중한 보물이다. 이런 제도가 있기 때문에 필자 같은 보통 사람들, 필자 같은 소액 투자자들도 단기간에 부자가 되는 것이다.

뉴스나 신문에서는 전세가 조만간 없어질 것처럼 말하지만 절대로 없어지지 않는다. 없어지지 않는 것이 필자나 여러분에게 얼마나 다행스러운 일인가? 이 얼마나 행복한 일인가? 전세가 존재해야만 필자와 당신이 부자가 될 수 있다. 만약 전세가 없어진다면 필자와 당신이 부자가 될 확률은 크게 떨어진다.

우리는 전세 제도가 존재하는, 그것도 전 세계에서 유일하게 존재하는 대한민국에 태어났다는 사실에 감사해야 한다.

월세 제도만 있었다면 필자도 부자가 되기 힘들었을 것이고, 이 책을 읽고 있는 여러분도 필자를 따라 부자가 된다는 것은 요원한 일이었을 테니까 말이다.

04
계속 노예로 살 것인가?

  이 책을 읽는 여러분들은 대부분 직장인일 것이다. 한 달 한 달 회사에서 주는 월급을 쪼개 생활비, 자녀 교육비, 대출 이자를 갚으며 살 것이다. 그 월급도 계획을 잘 세워야만 한다. 그렇지 않으면 가정 경제생활에 펑크가 나게 되고 힘들어지기 때문이다.

  이러한 모습이 우리들 대부분의 모습이다. 그런데 정말 이러한 모습이 여러분들이 살고 싶어 했던 그런 모습인가? 그렇게 많은 학비를 들여서 대학까지 나오고 직장을 잡아 사는 이 생활이 진정 바라던 삶이었는가? 계속 이렇게 직장에서 주는 월급에만 만족하면서 살아야 하는 것인가?

  만일 그렇다면 회사의 노예로 사는 것이다. 이후에 회사를 그만두거나 명예퇴직을 당하면 그때부터는 돈에 얽매이면서 돈의 노예가 되는 삶을 살 것이다. 이렇게 항상 쪼들려 사는 건 여러분이 자본주의 하에서 주인이 아닌 노예로 사는 모습이다.

또한 자본주의는 우리처럼 항상 저축만 열심히 하라고 강요한다. 저축을 하지 않으면 꼭 바보라고 이야기하는 것 같다. 게다가 저축과 함께 펀드에 가입하라는 말도 많이 받는다. 펀드에 가입하면 나중에 큰돈을 만질 수 있을 것처럼 TV에서 광고가 나온다. '자본주의에서 금융은 다 이렇게 하는 거야'라고 말하는 것 같다. 하지만 이렇게 저축하고 펀드를 한다고 해서 부자가 될 수 있을까? 무조건 아껴 쓰고 낭비하지 말라고 한다. 은행에 열심히 저축하고 펀드에 가입하라고 한다. 이게 정말 옳은 일일까?

다시 한 번 잘 생각해보자. 은행은 사람들이 (은행을) 벗어나는 것을 싫어한다. 은행은 사람들이 저축한 돈으로 대출도 해주고 PF(Project Financing) 사업도 하면서 이익을 만들어야 한다. 그런데 사람들이 은행을 벗어나고 저축하지 않으면 막대한 이자를 주면서 다른 어딘가에서 돈을 꿔야 한다. 또한 많은 사람들이 주택담보대출을 받아야 이익이 많이 생기는데 만약 대출을 받지 않으면 크게 힘들게 될 것이다. 그러므로 은행은 사람들이 (은행의) 노예 상태를 벗어나는 것을 절대 바라지 않는다. 지금처럼 계속 은행에 종속된 상태로 지내기를 바란다.

증권회사는 뭐 다를 것 같은가? 펀드로 막대한 이익을 가졌던 한 증권회사에서 예전에 다음과 같은 광고를 한 적이 있다.
'장기투자가 답입니다.'

이게 정말 당신을 위한 답일 것 같은가? 웃기는 소리다. 장기투자는 당신을 위한 것이 아니다. 장기로 펀드를 가입하면 무조건 수익이 날 것 같은가? 필자도 증권회사의 말만 믿고 펀드에 돈을 많이 넣은 다음, 오랫동안 갖고 있었지만 2008년 금융위기 때 손실이 수천만 원을 넘은 경험을 갖고 있었다. 증권회사 말대로라면 오랫동안 가지고 있었으니 수익이 많이 나야 하는데 오히려 엄청난 손해만 입고 말았다.

또한 주식이 떨어지든 올라가든 그 어떤 상황에도 상관없이 무조건 펀드에 가입해야 한다고만 한다. 주식은 무조건 오른다고만 하면서 말이다. 정말 웃기는 소리다.

사실 사람들이 펀드를 많이 가입해야만 수익이 발생하고 그 수익으로 다른 더 큰 사업을 할 수 있지 않겠는가? 그러니 펀드에 더 많이 가입하도록 유도하고 그 펀드를 오랫동안 유지해야 계속 수수료를 얻는 것이다. 그것이 그들의 진

짜 목적이다.

  보험회사도 마찬가지다. 실제로 별 도움이 되지 않는 보험을 가입하라고 한다. 그런 가입으로 들어오는 현금 수입은 정말 막대하다. 설령 중간에 해약해도 보험회사는 결코 손해 보지 않는다. 그러니 보험회사는 해약을 해도 좋고 계속 유지를 해도 좋은 구조를 갖고 있다. 게다가 보험회사는 아무나 보험설계사가 되는 것을 환영한다. 보험설계사가 되어 주변 친인척, 친구 등에게 보험상품을 판매하면 자동적으로 보험회사의 수익이 되기 때문이다. 그 보험설계사가 어떻게 되고 말고 하는 것은 회사의 관심사항이 아니다. 그 보험설계사를 통해 어떤 보험상품을 가입했는지도 관심사항이 아니다. 오직 그 회사의 관심사항은 이익이다. 이러다 보니 우리 같은 사람들은 보험회사의 노예가 되는 것이다.

  우리가 불쌍해서 물가는 안 오를까? 물가는 우리 같은 보통 사람들을 미치게 만들고 힘들게 만들고 지치게 만든다. 아무리 한숨을 쉬어도 5,000원짜리 짜장면은 몇 년이 지나면 6,000원이 되고 7,000원이 될 것이다. 가만히 있어도 그렇게 된다. 내가 숨만 쉬고 살아도 그렇게 된다. 아무리 오르지 말라고 데모를 한다 해도 물가는 계속 오른다. 그러니 우리는 물가의 노예로 살 수밖에 없다.

어떤가? 여러분들이 자본주의에서 보통 사람으로 산다는 것은 수많은 이익집단의 노예로 산다는 것과 일맥상통한다. 다시 말해 소수의 기관을 살리기 위해 우리는 계속 노예로 살아가고 있고 죽을 때까지 그렇게 살 수밖에 없다는 것을 알아야 한다. 또한 물가는 오르는데 우리의 월급은 물가가 오르는 속도만큼 오르는 것도 아니어서 계속 힘들 수밖에 없다.

물가가 오르는 것, 즉 인플레이션은 또 다른 엄청난 세금이다. 정부가 직접 걷는 세금만이 세금의 전부가 아니다. 매년 오르는 물가도 우리를 가장 힘들게 하는 세금이다. 우리는 정부에 세금을 내지 않고는 살 수 없는 구조를 갖고 있다. 그런데 열심히 일해서 월급이 오르면 오를수록 세금의 양은 더 많아진다. 연봉 1억 원이 넘으면 세율이 높아지면서 거의 40% 가까이를 세금으로 내야 한다. 세금의 노예가 되고 정부의 노예가 되는 것이다. 전문직도 마찬가지다. 의사, 변호사 등의 전문직들도 요즘 세금 때문에 얼마나 많이 힘들어 하는지 모른다. 모두 다 정부의 세금에 불만이 크지만 어떻게 하겠는가? 세금은 죽을 때까지 여러분을 괴롭힌다는 사실을 모두 다 잘 알고 있을 것이다.

자, 보자! 이러한 삶이 여러분이 바라던 삶인가? 은행의 노예로 살고 증권회사의 노예로 살고 보험회사의 노예로 살고 집주인의 노예로 살고 물가의 노예로 살고 정부의 노예로 사는 것이 바로 여러분이 그토록 바라던 삶이란 말인가?

어쩌면 독자 여러분들 중에 자기 자신이 이렇게 자본주의 하에서 노예처럼 살고 있다는 것조차 모를 수도 있다. 그렇다면 이 책을 읽고 그 꽉 막힌 생각에서 하루라도 빨리 벗어나야 한다. 다시 말하지만 우리 대부분은 노예로 살고 있는 것이다. 이런 노예생활에서 벗어나야 하지 않겠는가?

이 노예 같은 생활에서 벗어날 방법이 있다. 바로 필자와 같은 소형 아파트 임대사업을 하면 이 지긋지긋한 노예생활에서 벗어날 수 있다. 여러분이 인생의 진정한 주인이자 자본주의 하에서 주인으로 살 수 있는 것이다.

소형 아파트의 임대사업을 하게 되면 은행에 이용을 당하는 것이 아니라 은행을 이용해서 부자가 되므로 은행을 이용하는 주인이 된다. 또한 임대사업을 하면 증권회사 같은 곳은 아예 신경도 안 쓰고 쳐다보지도 않는다. 소형 아파트 임대사업은 손실의 위험은 거의 없고 수익은 펀드와 비교할 수 없을 정도로 많은데 왜 증권회사의 펀드 같은 것에 신경을 쓰겠는가? 그러므로 증권회사의 노예가 될 일이 없다.

세금으로 인한 노예 같은 생활도 걱정할 것이 없다. 임대 사업자는 일반 보통 사람들보다 월등히 적은 세율로 사업을 하므로 세금에 대한 걱정이 없고 임대사업으로 발생하는 수익으로 다른 모든 세금을 내고도 아주 큰 금액이 남으니 걱정할 것이 없다. 그리고 물가? 임대 사업자들은 물가가 오르는 것을 좋아한다. 물가가 오르는 속도보다 더 빨리 전세가와 월세가가 오르기 때문이다. 또한 갖고 있는 소형 아파트의 수가 많으니 물가가 오르면 덩달아 아파트에서 나오는 수입이 훨씬 많아진다. 그래서 물가가 올라주기를 바란다. 그러니 물가의 노예가 되겠는가?

  자, 어떤가? 소형 아파트를 많이 가진다는 게 얼마나 중요한지 알겠는가? 이 소형 아파트가 여러분을 자본주의의 노예가 아닌 주인으로 살게 한다는 것을 알겠는가?

노예로 살지 말고 거대한 부자, 인생의 주인으로 살자

요즘 같은 자본주의의 시대에 무슨 노예제도가 있느냐고 반문할 독자도 있을 것이다. 맞다. 신분적으로 노예제도는 전 세계적으로 없다. 필자는 그런 신분적인 노예제도를 말하는 것이 아니다.

사람들은 태어나서 열심히 오랜 시간 동안 교육을 받는다. 좋은 대학교를 들어가기 위해서다. 수없이 많은 학원을 다니고 사교육을 받으면서 계속 공부만을 해야 한다. 그렇게 해서 대학교를 들어간 다음은? 다시 또 취업 공부를 위해 엄청난 돈과 정성을 쏟아 붓는다. 외국어 때문에 어학연수도 다녀와야 한다. 오직 목표는 하나다! 대기업에 취직을 하기 위해서다.

간신히 대기업에 취직하면 어떻게 될까? 기업 안에서 엄청난 경쟁에 시달리면서 밤늦게까지 일을 해야 할 뿐만 아니라 주말도 회사에 헌납해야 한다. 가족에 신경 쓸 여유조차 없다. 그렇게 자신의 젊음을 회사에 모두 바친다. 업무결과가 다른 부서에 뒤지면 상사들이 가만히 있지 않는다. 언제나 경쟁, 경쟁, 경쟁이다.

그렇게 젊음을 보내고 나면? 이제는 40대 초반부터 명예퇴직에 스트레스를 받는다. 말이 명예퇴직이지 회사에서 나가라는 말 아닌가? 결국 버틸 수 있는 때까지 버틴다는 게 40대 중반이다. 그렇게 퇴직해서 중소기업에 다시 입사할 수 있으면 좋겠지만 요즘 같은 불경기에 그 어느 중소기업에서 불러준다는 말인가?

40대면 아직 자녀들은 클 나이고 계속 교육을 받아야만 하는데 가장의 경우에는 어떻게 해야 한단 말인가? 정말 막막할 수밖에 없다. 이게 지금 우리나라 사람들 대부분이 직면하고 있는 현실이다. 우리가 바라던 삶은 절대 아니다.

독자 여러분이 이런 삶을 살지 않으려면 하루라도 빨리 소형 아파트의 수를 늘려라. 그러면 절대 그런 험한 꼴을 당하지 않는다.

소형 아파트의 수를 폭발적으로 증가시키는 방법은 다음 장에서 설명할 것이다. 그 방식대로 투자를 하면 여러분도 단시간에 많은 소형 아파트를 가진 부자가 될 수 있다. 이 책에서 말하는 방식을 통해 소형 아파트를 많이 소유하면 여러분도 진정 하고 싶었던 일을 맘껏 하면서 살게 된다.

한 번 생각해보자. 지금 여러분이 하고 있는 일이 정말 하고 싶어서 하는 일인가? 아마 아닐 것이다. 솔직히 마음속 저 깊은 곳에서부터 너무나 하고 싶은 일은 솔직히 뭔가? 여러분이 나중에 너무나 하고 싶은 일을 하면서 산다면 얼마나 행복하겠는가?

하지만 지금은 절대 그럴 수가 없다. 여러분의 적성과는 관계없는 회사에서 열심히 일해야 하고 매달 받는 월급으로 가족을 책임져야 하기 때문이다. 그러니 여러분이 좋아하는 일은 그저 마음속에만 존재할 뿐 현실에서는 이뤄질 수 없다. 사람들 대부분이 그럴 것이다.

하지만 여러분이 소형 아파트를 많이 갖게 되면 지금 다니고 있는 회사를 그만 둬도 된다. 아니 그냥 월급을 받기 위해서 억지로 다니고 있는 회사를 그만 둬라. 여러분이 투자해서 갖고 있는 소형 아파트에서 전세 상승분으로 매년 1억 원 이상씩 수입이 생기는 부자가 되었는데 굳이 아침 일찍부터 출근하고 상사들 눈치를 보는 회사에 나갈 필요가 없다. 그냥 그만 두고 진정으로 하고 싶은 일을 해라. 여러분이 꿈에 그리던, 너무나도 하고 싶던 바로 그 일 말이다. 해외여행을 가고 싶었다면 그냥 해외로 떠나라. 여러분이 갖고 있는 소형 아파트가 그것을 가능하게 해준다.

봉사하며 살고 싶다는 분도 있다. 그런데 회사를 다니면 도저히 봉사를 할 수 있는 여유가 생기지 않아 항상 불만이라고 한다. 소형 아파트는 봉사를 하고 싶은 분에게 봉사할 수 있게 해준다. 평생 봉사만 하면서 살 수 있게도 해준다. 돈 걱정 없이 살면서 말이다.

어떤 사람은 꿈이 작가라고 한다. 그런데 회사에서 아침 일찍부터 밤늦게까지 일을 해야 하는 생산직이라 작가의 꿈은 엄두도 못 낸다고 한다. 그렇다면 소형 아파트 구입에 더욱 목을 매야 한다. 만일 소형 아파트 10채만 갖고 있으면 지금 다니는 회사를 그만 두고 작가 수업을 받으면서 미래를 준비할 수 있다. 그토록 바라는 작가라는 꿈을 현실로 만들어주는 것이 바로 소형 아파트다. 어떤가?

거대한 부자라고 해서 돈이 엄청나게 많이 들어오는 사람을 의미할 수도 있겠지만 필자는 어떠한 걱정이나 궁핍 없이 자신이 하고 싶은 일을 하는 사람, 남의 눈치를 보지 않고 자신만의 인생을 사는 사람, 시간과 자본에 얽매여 살지 않아도 되는 사람이 '거대한 부자'라고 말하고 싶다. 이러한 사람이 인생의 주인이 아닐까? 항상 남의 눈치나 보면서 살아야 하고, 다음 달 자녀들의 교육비 걱정을 해야 하고, 회사에서 진급 때문에 스트레스를 받아야 하고, 내일이나 모레에 해고 통보를 받을지 몰라 걱정해야 한다면 자기 인생의 주인은 아니지 않는가?

좋아하는 자동차가 여러 종류라고 해도 간신히 한 대만 갖고 다닐 수밖에 없다. 하지만 거대한 부자가 된다면 갖고 싶은 자동차를 다 살 수 있고 요일마다 바꿔 탈 수 있다. 벤츠를 타고 싶은가? 거대한 부자가 되었다면 당연히 사야 한다. 벤츠뿐만 아니라 재규어도 사고 BMW도 사라. 할리 데이비슨 오토바이도 사고 싶은가? 하루 빨리 거대한 부자가 된 다음에 오토바이를 사서 멋지게 돌아다녀라. 당신이 인생의 주인인데 뭐가 문제인가? 하고 싶은 대로 하면서 살면 된다.

예전에는 항상 싸구려 옷만 입고 다녔다고 해도 거대한 부자가 된 이상 멋지고 비싼 옷들을 입고 다녀라. 요즘은 옷차림이 그 사람을 평가해주는 시대인데 왜 계속 싸구려 옷만 입고 다녀야 한다는 말인가? 비싼 옷도 입고 다니고 많이 사라. 또한 남들처럼 시장에서만, 할인매장에서만 가는 것이 아니라 백화점에서도 마음껏 사면서 살 수 있다면 좋은 일 아닌가? 그러기 위해서는 부자가 되어야 하고 그 부자가 되려면 소형 아파트를 많이 사야 한다.

거대한 부자가 되면 예전처럼 그렇게 지질하게 살지 않아도 된다. 아주 멋지고 섹시하게 살 수 있다. 그리고 품위가 있고 당당하며 거침없이 살 수 있다. 진정한 인생의 주인으로 살게 되는 것이다.

이 책을 읽는 여러분들이 이런 사람이 되어야 하지 않겠는가? 그저 항상 돈에 얽매이고 절약해야만 하고 시간에 쫓겨 살아야만 하면서 비루하게 살라고 이 세상에 태어난 것이 아니다. 화려하고 멋지고 찬란하게 살기 위해 이 세상에 태어난 것이라고 알아야 한다.

필자가 이렇게 말해도 사람들은 내 삶이 어떻게 바뀌겠냐면서 삶이 화려하고 멋지게 된다는 것은 말도 안 된다며 귀를 닫는 경우가 많다. 그런데 정말 그런 사람들은 그 생각대로 그렇게밖에 되지 못한다.

사람의 마음가짐과 생각이 먼저 바뀌어야 인생이 바뀌는 것이지 마음이 변하지 않고서는 인생은 지금처럼 힘들거나 돈과 시간에 쪼들린 생활을 할 수밖에 없다.

어떻게 돈만을 갖고 자기 인생의 진정한 주인이라고 할 수 있는지 묻는 사람도 있다. 그런 사람은 자기 철학대로 살면 된다. 필자는 돈 걱정 없이 살면서 벤츠도 타고 오토바이를 타면서 방방곡곡을 돌아다니고 싶었다. 그리고 한강이 보이는 아파트에 살고 싶고 나중에는 큰 전원주택에서도 살고 싶다. 드라마에 나오는 여유 있는 가정처럼 살고 싶다.

물질보다 마음이 부자면 된다고 하는 사람도 있다. 그런 사람은 그렇게 살면 된다. 하지만 필자는 그렇게 살지 못한다. 시간과 돈에 대해 자유를 느끼면서 살고 싶고 그게 어릴 적부터의 바람이었다. 자본주의 시대에서 정신적 만족만을 갖고 살 자신이 없다. 그냥 살고 싶은 대로, 인생에서 어떤 제한 없이 살기 위해서는 시간과 돈의 자유가 절대적으로 필요하다.

거대한 부자가 되자. 필자가 이제 말한 방법으로 가장 빠른 시간 안에 거대한 부자가 되자. 그리고 인생의 자유, 시간과 돈에 대해 자유를 갖자. 여러분의 인생에 여러분이 진정한 주인이 되어 멋지게 살자. 남의 밑에서만 일하는 그런 사람이 되지 말고.

06
여러분이 바로 애국자다

　요즘 우리나라 아파트 시장의 가장 큰 문제점은 바로 전세대란이다. 전세대란이라는 말은 2010년 초반부터 계속 뉴스와 신문에 크게 부각되었다. 전세가격이 계속 높게 올라가는 바람에 사람들은 감당하기에 그리 쉽지 않다. 특히 2014년과 2015년의 전세 상승은 정말 놀랄 정도였다.

　요즘 같은 저금리에서 집주인들은 다 월세로 바꾸니 전세는 계속 줄지만 전세 수요는 계속 늘고 있다. 요즘처럼 집값이 떨어지는 추세가 강한 시대에 누가 아파트를 사려고 하겠는가? 안전하게 전세로 살려고 하지 않겠는가? 전세대란은 도무지 언제 끝날지 모르겠고 정부 입장에서도 뾰족한 해결책을 낼 수 없는 상황이 되었다.

필자는 짧은 시간 안에 거대한 부자가 되기 위해서는 전세를 끼고 소형 아파트를 구입하라고 주장한다. 거대한 산업단지나 직장인이 많은 지역에 있는 대단지의 소형 아파트를 높은 전세를 끼고 산 다음, 절대 팔지 않는 것이다. 또한 전세를 월세로 바꾸지 않는다. 시간이 흘러도 항상 전세로 소유하고 있는 것이다.

사실 이렇게 아파트를 팔지 않고 계속 전세를 내주면 우리나라 부동산 시장의 가장 큰 문제인 전세대란에 도움을 준다. 소유하고 있는 소형 아파트를 남들에게 전세로 내주니 전세시장의 안정에도 일조를 하게 된다. 다시 말하는데 전세를 끼고 소형 아파트를 산 다음, 팔지 않는다. 그리고 죽을 때까지 월세로 바꾸지 않고 계속 전세로 내준다. 아파트 가격이 올라도 시세차익을 얻기 위해 팔지 않는다. 왜 팔지 않느냐고 주변에서 물어도 묵묵히 계속 갖고 있는다. 그러면서 자신이 버는 수입으로 아파트 수를 늘리고 이미 갖고 있는 아파트에서 발생하는 전세 상승분으로 또 아파트 수를 늘린다. 아파트는 늘어날 때마다 계속 전세를 내준다. 몇 년 후만 지나면 전세로 내주는 아파트가 수십 채가 된다.

필자가 가진 300여 채의 아파트는 한두 채만 빼고 모두 다 전세로 내주고 있다. 그래서 전국에 있는 필자의 아파트는 전세를 원하는 사람들에게 도움을 주고 있다.

필자의 아파트에 들어온 세입자들이 공통적으로 하는 말이 있다. 전세 물건 구하기가 매우 힘들었는데 덕분에 구할 수 있어서 감사하다는 말이었다. 이런 현상이 그저 오늘만의 일로 끝날까? 아니다. 시간이 갈수록 전세 구하기는 더욱 어려워질 것이다. 정부의 정책에도 한계가 있기 때문에 도도한 부동산 시장의 흐름을 그 누가 해결할 수 있겠는가?

부동산 투자를 하는 사람들을 보면 전세를 끼고 샀다가 가격이 오르면 팔아 수익을 얻으려거나 대출을 받아 사서 월세를 받는 투자자가 대부분이다. 하지만 아파트의 수명이 다하기까지 오직 전세를 유지하면서 절대 팔지 않는 투자자는 거의 보지 못했다.

그렇기에 필자와 같은 사람들은 부동산 시장의 전세 안정에 기여하는 애국자라고 할 수 있다. 전쟁에서 총 들고 싸워야만 애국자는 아니다. 지금처럼 자본주의 하에서 정부가 하지 못하는 일을 하는 것도 애국이다. 전세로 살고 싶은 사람들에게 전세 아파트를 공급해주면서 부동산 시장의 안정에 일조를 하기 때문이다. 그러면서 거대한 부자도 되어 가고 있다. 정말 멋지지 않은가? 아무리 생각을 해봐도 이렇게 멋진 투자는 없다.

사람들 대부분은 그저 자기만의 이익이 우선이며 부동산 투자를 하면서 다른 사람을 돕는 행동 등은 하지 않는다. 하지만 우리는 자신의 이익을 추구하면서도 정부와 남을 도우면서 부동산 시장의 안정에도 기여하는 투자를 하니 너무나 멋지지 않은가?

  독자 여러분도 애국자가 되어 보자. 애국자인 동시에 거대한 부자로서 살아보자. 시간과 돈에 자유를 느끼며 거대한 부자로 살아간다는 것 자체가 멋진 일인데 거기에 애국자로서의 삶을 살아간다는 것 또한 가슴 떨리는 일 아니겠는가?

07
월세가 정답일까?

 부동산 투자 관련 책 대부분에서는 아파트를 사서 월세로 돌리라고 한다. 월세로 돌려야만 현금 흐름을 만들 수 있다면서 말이다. 하지만 필자는 절대로 그렇게 생각하지 않는다. 오히려 전세 제도에 답이 있다고 말하고 싶다. 그냥 전세 끼고 좋은 소형 아파트를 사면 된다. 월세로 돌리려고 애를 쓸 필요도 없다. 아마 필자처럼 계속 가만히 놔두라는 부동산 전문가는 거의 없을 것이다. 필자의 이러한 역발상이 당신을 더 큰 부자로 만들어준다.

 사람들은 전세라고 하면 집주인이 나중에 세입자에게 돌려줘야 할 부채라고 생각한다. 필자도 부동산 투자 초기에는 그렇게 생각했다. 하지만 과연 그럴까?

소유한 집이 한 채인 것을 전제로 생각하기 때문에 그렇게 말하는 것이다. 전세 만기가 되면 집주인이 그 전세금을 내줘야 한다. 그런 상황에서는 앞의 말이 맞다. 하지만 필자와 같은 임대 사업자, 즉 여러 아파트를 전세로 빌려주는 사람들에게는 아주 웃기는 말이 된다.

전세로 운영하고 있는 소형 아파트가 있다고 해보자. 전세 만기가 되어 세입자가 나간다고 했을 때 전세금을 당신의 돈으로 돌려줘야 한다고 생각하는가? 아니다. 그 집에 새로 들어올 세입자의 전세금으로 돌려주면 된다. 그런데 새로 들어오는 세입자가 예전의 전세금과 같은 금액으로 들어오지 않는다. 전의 전세금이 9,000만 원이었다면 새로 들어올 경우에는 전세금이 1억 원 정도 될 것이다. 그 1억 원 중에서 9,000만 원은 이번에 나가는 세입자에게 주면 나머지 1,000만 원은 여러분의 주머니로 들어가게 된다. 다시 말해 여러분들에게 수입이 되는 것이다. 이 수입은 정부에서 세금을 떼지도 않는다. 정말 기분 좋은 소식 아닌가?

물론 지금 필자가 말하는 아파트는 이번 책에서 다룰 인기와 수요가 많은, 전세가 비율이 아주 높은 소형 아파트를 의미하는 것이지 일반적인 모든 아파트를 말하는 게 아니다. 새로 세입자를 구하지 못해 집주인이 정신적, 경제적으로 고생하는 아파트도 있다. 우리는 이런 아파트에 절대 투자를 해서는 안 된다는 것을 잊어서는 안 된다.

만일 월세를 받는다면 월세 수입에 대해 세금을 내야 한다. 그것도 꼬박꼬박. 월세 수입이 많아질수록 세율도 높아지니 세금이 점점 많아진다. 하지만 임대 사업자로 등록한 소형 아파트의 전세는 세금을 거의 내지 않는다. 전세가 계속 오르고 올라도 세금 한 푼 내지 않는다. 월세로 할 때는 세금을 무조건 내야 하는 반면 전세는 아무리 아파트 수가 많아도 세금을 거의 내지 않는다면 정답은 무엇이겠는가?

필자는 전세에 정답이 있다고 생각한다. 남들과 반대로 생각하자. 그 생각에 엄청난 답이 있다.

그런데 왜 수많은 재테크 책에서는 전세를 받지 말고 월세를 받으라고만 하는 것일까? 그것은 바로 그 책을 쓰는 저자들이 부자가 아니기 때문이다. 그 저자들은 진정한 부자들의 생리를 잘 모른다. '전세'란, 나중에 집주인의 돈으로 세입자에게 내줘야 하는 그런 돈이라고만 생각한다. 전세금이라는 남의 돈으로 엄청난 부자가 된다는 그 사실을 아예 모르는 것이다.

하나만 더 말해보자. 실제로 아파트를 통해 월세받는 사람들 중에 거대한 부자인 사람을 여러분은 본 적이 있는가? 월세를 받는 사람들은 절대 큰 부자가 될 수 없다. 월세라고 해 봐야 매월 몇 십만 원에서 많아야 200~300만 원인데 그것만으로 부자가 될까? 어림없는 소리다.

우리는 월세에 대한 미련을 버리고 무조건 전세를 통해 부자가 되어야 한다.

08
고액 연봉? 부자가 아닐 수 있다

　고액 연봉을 받으면 부자가 될 것 같은가? 수입이 높은 전문직이 되면 부자가 쉽게 될 것 같은가? 필자는 오히려 그렇지 않다고 본다.

　재무지식이 부족하면 고액 연봉을 받아봐야 여기저기 쓰게 되고 이상한 곳이나 주식에 투자했다가 손해를 볼 것이다. 또한 재무설계사의 먹잇감이 되거나 그냥 은행에 넣어서 은행의 배만 불려줄 수 있다. 돈을 많이 버니 그만큼 세금도 많아진다.

　좀 더 높은 자리에 올라가기 위해 도전하는 것도 중요하지만 나만을 위해 현금을 만들어주는 시스템을 만들어야 한다고 본다.

　필자처럼 소형 아파트를 이용한 임대 사업을 한다면 독자 여러분의 소형 아파트가 여러분을 위해 매일 열심히 일할 것이고 그 수익에 붙는 세금은 독자 여러분이 열심히 일해서 얻는 근로소득에 붙는 세금보다 월등히 적다. 세입자가 준 전세금이 여러분을 위해 열심히 일하지만 세금은 적게 낸다. 어쩌면 세금은 아주 적거나 아예 한 푼도 내지 않을 수 있다.

부디 여러분은 제대로 된 투자가 또는 자산가가 되어야 한다. 고액 연봉자가 아니라 투자가가 되어야 한다. 그 투자를 통해 자기만의 자산을 만들고 그 자산이 연봉으로는 꿈에도 꿀 수 없는 거대한 투자 수익을 만들어야 한다. 또한 세금으로부터 자유로워져야 한다. 그래야 인생을 당당하게 살 수 있다.

필자는, 고액 연봉자이지만 거주할 집을 수억 원에 구입하고 너무 좋아하는 바보 같은 사람을 참 많이 봤다. 자기가 살고 있는 집은 부채라는 것을 모르는 그런 사람들, 학력이 높고 좋은 직업을 가졌는데도 부채의 개념을 잘 알지 못하면서 살고 있는 집이 아주 큰 자산이라고만 생각하는 사람들 말이다. 그 집이 얼마나 자신에게 큰 손해를 끼치는지도 모르고, 그것 때문에 더 좋은 기회를 많이 잃어버리는지도 모르고, 몇 년 후에 더 좋은 아파트로 갈 생각 외에는 할지 모르면서 필자의 말은 믿지 않으니 평생 바보로, 하우스 푸어로 살 수밖에 없다.

제발 고액 연봉에 만족하지 말고 하루라도 빨리 투자가, 자산가가 되자. 다시 말을 하지만 아무리 고액 연봉을 받아도 제대로 된 투자가 없는 사람은 나중에는 자본주의 사회에서 바보 중의 바보로 살 확률이 높다.

09
부동산 부자들은 대부분 바보다

　부동산 부자들 중에 좋은 학벌을 가진 경우는 많지 않다. 필자는 부동산 부자들을 많이 봤지만 인지도가 높은 대학교를 졸업한 경우는 거의 없었다. 고등학교까지 또는 필자처럼 지방 대학교를 나온 사람도 많다. 과연 좋은 머리에 좋은 대학교를 나온 사람들은 지금 어디에 있는지 찾아보자.

　대부분 대기업에서 밤낮으로 일하거나 전문직을 갖고 있다면 법원, 병원에서 열심히 일하고 있다. 자신의 일을 하는데 정신없고 매우 바쁘다. 그러니 당연히 부동산 투자를 위해 현장에 나갈 시간이 없다. 그나마 정보를 찾기 쉬운 인터넷으로 공부해서 주식이나 펀드에 투자한다. 그런데 과연 주식이나 펀드로 돈을 벌었을까? 아니다. 그렇지 않다. 또한 이런 사람들은 거주할 아파트 한 채 사는 것에 목숨을 건다. 강남 쪽에 좋은 아파트 한 채 갖는 것이 가장 큰 꿈이기도 하다. 지금까지 이 책을 읽은 여러분이 보기에 똑똑한 행동인가? 아니면 미련한 행동인가?

필자는 스스로 생각해도 자신이 정말 무식하게 보인다. 학교 다닐 때 공부를 잘 하지 못한다는 이유로 아버지께 정말 많이 혼났다. 하지만 실생활에 별로 써먹지 못할 그런 공부를 하는 게 너무 싫었다. 대신 다른 사람들의 말에 쉽게 부화뇌동하지 않았다. 남들이 이렇게 해서 돈 벌었다는 말에 쉽게 현혹되지 않는다. 쉽게 얻은 정보에는 다 허점이 있다고 생각했기 때문이다. 그냥 직접 경험하고 시도하면서 실패도 해보고 성취감도 느껴야만 내 지식이 된다는 것을 알고 있었다. 필자가 처음 부동산을 알아보기 위해 전국을 돌아다닐 때 우연히 알게 된 몇 명의 부동산 부자가 해준 조언도 바로 이것이었다. 생각만 하거나 구경만 하거나 인터넷에서 클릭만 하는 것이 아니라 직접 움직이고 경험하면서 실패를 해봐야 부자가 될 수 있다는 것이다. 진정한 부동산 부자들은 무식하지만 행동력 하나만큼은 최고다. 사실 그래야 진정한 부자가 될 수 있다. 그래서 거의 10여 년 동안 필자는 부동산 현장에 가보고 땅을 만져보고 직접 아파트를 조사하고 하면서 배우고 느끼는 과정 속에서 직감력을 키우고 투자의 길을 찾았다. 만약 필자가 똑똑한 사람이었다면? 공부를 잘한 사람이었다면? 현장에는 가볼 생각도 못하고 가볼 시간도 없어서 그저 교수, 변호사, 대기업 직원이 되어 주어진 일만 하고 있지 않았을까?

 필자는 지금도 앞에서 말했던 공부를 잘하는 사람들보다 시간적 여유가 있다는 것에 감사하고 마음대로 부동산 현장에 언제든지 가볼 수 있다는 것에 감사하고 무식하면서도 도전정신이 투철한 것에 감사하고 부동산에 바로 투자하는 행동력이 엄청나다는 것에 너무 감사하고 있다. 또한 똑똑하고 공부를 잘하는 사람들이 부동산 분야에 관심을 두지 않아 얼마나 다행인지 모른다. 만약 똑똑한 사람들이 부동산에 투자를 한다면 우리 같은 사람이 이길 수 있을까? 절대 없을 것이다. 그들은 지금도 대기업, 병원, 법원에서 밤늦도록 일하니 이보다 더 다행스러운 일이 어디 있겠는가? 이런 환경이기 때문에 우리처럼 행동으로 바로 옮길 수 있는 바보들이 부동산 부자가 되는 것이다.

10
세금이 도와준다

소형 아파트를 점점 많이 소유하면 여러 가지 세금이 발생한다. 기본적으로 취득세가 발생하며 거기에 재산세, 종합부동산세 등이 발생한다. 나중에 소형 아파트를 팔면 양도소득세도 내야 한다. 이 중에서 종합부동산세가 상당한 부담이 된다.

수도권에 아파트를 10채 이상 구입했더니 종합부동산세가 600만 원 가까이 나온 필자의 회원도 있었다. 이 회원은 지금도 아파트 수가 증가하고 있으니 종합부동산세가 곧 1,000만 원이 넘을 것이다.

그렇다면 필자는 종합부동산세가 도대체 얼마나 나온다고 생각하는가? 아마 매년 수억 원은 족히 넘을 것으로 생각할 수 있다. 아무리 소형 아파트가 많으면 뭐하겠는가? 그 수입 대부분을 세금으로 내야 한다면 부자가 되지도 못하고 세금만 내다가 끝날 것이다. 어떻게 해야 하는가?

바로 주택임대사업자 제도에 답이 있다. 정부는 국민들에게 주거 안정을 위해 충분한 임대주택을 공급해야 하지만 여건상 그럴 수 없기 때문에 개인이 주택임대사업자로 등록해서 다른 사람에게 주택을 빌려주면 세금 혜택을 제공한다. 즉, 정부가 해야 할 일을 대신 해주는 주택임대사업자에게 고마운 측면에서 세금 혜택을 주는 것이다.

이 주택임대사업자 제도가 필자와 같은 부자들에게는 얼마나 좋은 제도인지 모른다. 부자들은 바로 이 주택임대사업자 제도를 최대한 이용하고 있다. 이러한 세금 혜택이 부자들을 더 큰 부자로 만들고 있다.

주택임대사업자제도에 대해 알기 쉽게 하나의 표로 정리하면 다음과 같다(2015년 12월 31일 기준).

구분	임대사업 등록 여부	40m² 이하	40~60m²	60~85m²	85~149m² 이하	비고
취득세	등록	면제	면제	25% 감면	25% 감면	신축 공동주택, 공동주택 오피스텔 최초 분양을 받은 경우
	미등록	6억 원 이하 1%, 6~9억 원 2%, 9억 원 이상 3%				
재산세	등록	면제	50% 감면	25% 감면	–	국가나 지자체 건설 임대주택 2가구 이상, 5년 이상 임대
	미등록	세제 혜택 없음.				
종합 부동산세	등록	임대주택은 합산 배제				1가구 이상, 5년 이상 임대 임대공시가격 6억 원 이하(지방 3억 원)
	미등록	임대주택도 합산. 세제 혜택 없음..				
양도세	등록	양도세 중과 배제, 장기 보유 특별공제 40%				2014년 1월 다주택자 양도세 중과제도 폐지
	미등록	양도세 중과 배제, 장기 보유 특별공제 30%				
소득세/ 법인세	등록	20% 감면				기준시가 3억 원 이하 3가구 이상, 5년 이상 임대
	미등록	세재 혜택 없음				

2015년 12월 말까지 임대사업자에게 제공되던 세금 혜택이 2016년 1월부터 더 많은 혜택을 주도록 개정되었다. 그 내용은 다음과 같다.

현행(2015년 12월 말까지)	개정안(2016년 1월부터)
소형 주택 임대사업자 세제 지원	소형 주택 임대사업자 세제 지원 확대
소득세, 법인세 감면율 - (일반 임대) 20% - (준공공 임대) 50%	감면율 확대 - (일반 임대) 30% - (준공공 임대, 기업형 임대) 75% • '임대 주택법 정부 개정 법률안'에 근거
의무 임대기간 - (일반 임대) 5년 - (준공공 임대) 8년	의무 임대기간 단축 - (일반 임대) 4년 - (준공공 임대, 기업형 임대) 8년
임대 주택 요건 - 국민 주택규모 이하 - 기준시가 3억 원 이하	임대 주택 요건 완화 - (좌동) - 기준시가 6억 원 이하

구분		소형 주택 임대사업자	
		소형 임대주택	준공공 임대주택
소득세(법인세) 감면 내용		20%(→30%) 세액 감면	50%(→75%) 세액 감면
감면 요건	임대 사업자 요건	세무서에 사업자 등록 및 임대주택법에 따라 임대사업자 등록	
	임대 주택 요건	국민주택규모 이하 및 기준시가 3억 원(→6억 원) 이하의 주택(주거용 오피스텔 포함)	
	임대 요건	3호 이상의 주택을 5년(→4년) 이상 임대	3호 이상의 주택을 8년 이상 임대
사후관리	4년 미만 임대	감면 세액 전액과 이자 상당 가산액 추징	
	4년 이상 8년 미만 임대	추징 없음.	감면 세액의 60%와 이자 상당 가산액

※ 서민 주거 안정 지원을 위한 방안으로 2016년 이후 발생하는 임대소득 분부터 적용

주택임대사업자에는 매입임대사업자(단기임대사업자)와 준공공임대사업자(장기임대사업자), 이렇게 2가지로 나눌 수가 있다.

매입임대사업자는 처음 아파트를 산 이후 4년만 임대를 하면 그 이후부터는 언제든 부동산을 팔아도 아무 문제가 없다. 준공공임대사업자는 아파트를 산 뒤 8년 이후에나 팔 수 있다. 이렇게 8년 이후에 팔면 양도소득세를 아주 크게 감면받을 수 있다. 매입임대사업자에 비해 양도소득세를 훨씬 크게 절감받을 수 있다는 것이 가장 큰 장점이다. 하지만 준공공임대사업자는 임대 보증금, 즉 전세금을 매년 5% 이상 올릴 수 없다.

필자라면 준공공임대사업자보다 매입임대사업자를 선택하겠다. 전세 보증금을 시장이 오르는 것과 달리 항상 5% 안에 묶여 있어야 한다는 점이 마음에 들지 않고, 죽을 때까지 팔 생각이 없으니 양도세는 걱정하지 않아도 되기 때문이다. 나중에 정부에서 준공공임대사업자에게 더 큰 혜택을 준다면 그때 다시 고민해볼 것이다.

준공공임대사업자의 세금 혜택에 대해 표로 정리했으니 참고하기 바란다.

구 분	법령 개정(2015. 12. 29.) 이전	법령 개정(2015. 12. 29.) 이후
준공공임대 정의	'준공공임대주택'이란, 일반형 임대사업자가 8년 이상 임대 목적으로 취득해 임대하는 민간임대주택(2013년 12월 5일 도입) * 일반형 임대사업자: 기업형 임대사업자(8년 이상 임대할 목적으로 100호 이상 취득)가 아닌 임대사업자로서 1호 이상 취득	
등록대상 주택, 규모	85㎡ 이하 주택(주거용 오피스텔 포함) * 85㎡ 초과 다가구주택 포함	주택 및 주거용 오피스텔 * 주거용 오피스켈은 85㎡ 이하
등록대상 호수 (이상)	1호 * 건설 준공공임대는 2호	1호
임대의무 기간	10년 * 5년 범위에서 임대기간 1/2 인정	8년
자금 지원	전용 85㎡ 이하 공동주택 매입 시 연 2.7%, 10년 만기일시 상환 * 수도권 1.5억 원, 지방 0.75억 원 (매입 임대만 가능)	60㎡ 이하 : 8천만 원/2.0% 60~80㎡ : 1억 원/2.5% 85~135㎡ : 1억 2천만 원/3.0% 8년 만기일시 상황 (매입, 건설임대 둘 다 가능) * 1월 말 시행 예정
임대료 규제	최초 임대보증금·임대료 : 시·군·구 시세 이하 증액 : 연 5% 이하	최초 임대료 등 제한 폐지 * 증액 제한은 유지
형사 처벌(임대의무 위반·양도)	과태료 3천만 원	과태료 1천만 원
취득세	60㎡ 이하 면제	60㎡ 이하 면제, 60~85㎡(20호 이상 취득) 50% 감면 * 2018년까지 적용
재산세(2세대 이상)	40㎡ 이하 면제, 40~60㎡ 75% 감면, 60~85㎡ 50% 감면	좌동 * 2018년까지 적용
양도소득세	2017년까지 매입 시 면제 * 장기보유특별공제 : 8년 임대 시 50%, 10년 임대 시 60%	좌동 * 장기보유특별공제 : 8년 임대 시 50%, 10년 임대 시 70%
소득세·법인세	50% 감면 * 85㎡ 이하, 기준시가 3억 원 이하 3호 이상 임대 시 (2016년까지 적용)	75% 감면 * 85㎡ 이하, 기준시가(3억 원→ 6억 원) 이하, 3호 이상 임대 시 * 법령 개정 추진 중
종합부동산세	과세표준 합산 배제	과세표준 합산 배제

주택을 한 채 소유한 사람이 임대사업을 등록한 경우와 하지 않은 경우 세금의 차이는 얼마가 날까? 이를 알기 쉽게 비교해서 보자.

예를 들어, 149제곱미터(기준시가 5억 원) 아파트에 거주하고 있는 사람이 60제곱미터(2억 원) 이하의 소형 주택 3채를 추가로 매입한 경우를 비교해보면 다음과 같다.

	임대사업 등록하지 않은 경우	임대사업 등록한 경우
재산세	• 68만 4,000원(본인 거주 주택) • 54만 원(임대 주택 3채)	• 68만 4,000원(본인 거주 주택) • 27만 원(임대 주택 3채)
종부세	181만 원(본인 거주 주택)	0원
소득세	94만 원	75만 원
세금합계	3,974,000원	1,706,000원

※ 자료 제공 : 세무법인 코리아베스트 조중식 세무사

이 내용을 보더라도 아파트 수가 증가할수록 임대사업자로 등록해야 한다는 사실을 알게 될 것이다. 이처럼 세금의 혜택이 여러분을 더욱 부자로 만들어줄 것이다.

11
전세는 보물인가? 폭탄인가?

 필자가 설명한 대로 전세를 끼고 샀다고 해보자. 이렇게 아파트를 샀다면 주변 사람들은 걱정부터 한다. 나중에 그 전세금을 어떻게 주려고 하느냐면서 말이다. 이 말이 맞는 말이라고 생각하는가? 아니면 틀린 말이라고 생각하는가?
 바로 이 점이 부자가 되는 부동산 투자에 있어 첫 번째 걸림돌이 된다. 즉, 전세를 바라보는 시각이 일반 사람들과 필자가 너무나 다르다는 점이다. 다음의 2가지 예를 보자.

① 매매가 1억 원인데 전세 6천만 원을 끼고 산 경우

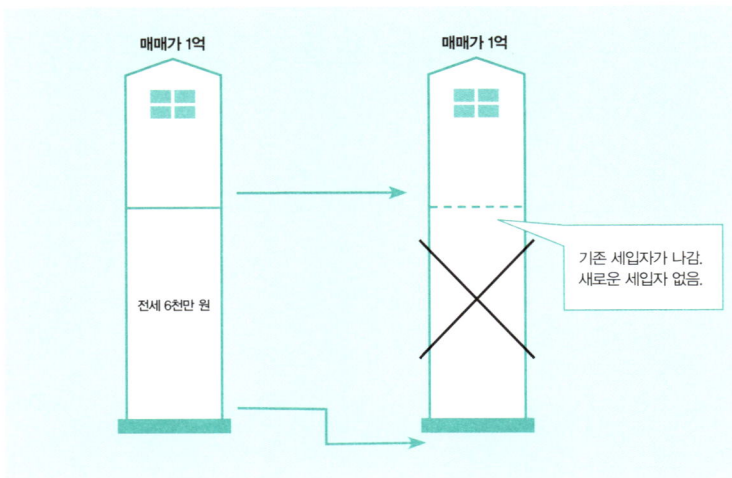

② 매매가 1억 원인데 전세 9천만 원을 끼고 산 경우

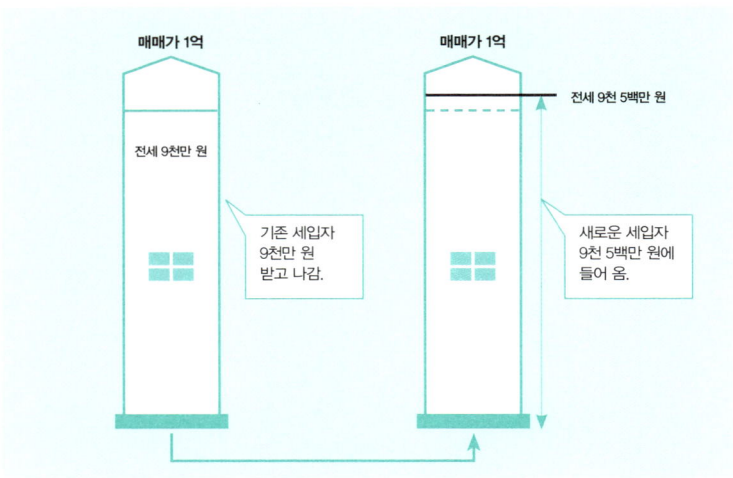

①은 1억 원짜리 집을 전세 6천만 원을 끼고 산 경우이고 ②는 1억 원짜리 집을 전세 9천만 원을 끼고 산 경우다. 이 2개의 아파트 중에 어느 아파트가 인기가 많을까?

필자가 강의를 할 때 물어보면 사람들 대부분은 '매매가 1억, 전세가 6천'짜리 아파트를 선택한다. 아무래도 전세가가 저렴하니 사람들이 많이 찾을 것이라는 생각이 있기 때문이다.

하지만 정답은 그 반대다. 같은 지역의 아파트인데 전세가가 좀 더 비싼 전세 9천만 원의 아파트에 들어가려는 이유는 무얼까? 바로 그 아파트 주변에 상가와 학원이 많고 교통이 좋아서 살기 편하기 때문이다. 그래서 훨씬 높은 돈을 주고라도 들어가려는 것이다. 즉, 매매가 대비 전세가 비율이 높을수록 그 아파트의 인기가 높다.

실제로 자본주의에서 매매가 대비 전세가가 80%를 넘는다는 게 말이 된다고 생각하는가? 원래 이런 전세가는 존재해서는 안 된다. 하지만 현실에서는 이런 전세가의 아파트들이 존재하고 있다. 그래서 우리는 그 성격을 제대로 파악해 올바른 투자를 해야 한다.

①의 세입자가 전세 만기 2년이 되기 훨씬 전에 다른 곳으로 가야 해서 나가야겠다면 집주인의 입장은 어떨까? 매매가 1억 원 대비 전세가가 6천만 원이라는 것은 인기가 없는 아파

트라는 것을 의미한다. 다른 세입자를 구하는 것이 어려울 가능성이 높다. 세입자를 구하지 못하면 집주인은 기존 세입자에게 자신의 6천만 원을 줘야 한다. 당연히 집주인은 스트레스를 받을 것이다. 전세 6천만 원은 폭탄과 같은 존재가 된다.

 반면 ②의 세입자가 전세 만기 전에 나간다면 집주인은 어떨까? 다시 말하지만 전세가 비율이 높은 아파트는 인기가 엄청난 곳에 있다고 보면 된다. 그러므로 이 아파트에 들어오려는 사람들이 바글바글할 것이다. 새로운 세입자가 들어온다면 예전의 전세 9천만 원으로 들어올 것 같은가? 절대 그러지 않다. 전세 9천만 원은 1년 전의 금액이므로 새로운 전세금은 9천 5백만 원으로 책정될 것이다. 9천 5백만 원 중에서 9천만 원은 기존 세입자에게 주고, 나머지 500만 원은 집주인의 호주머니에 들어간다. 게다가 기존 세입자는 전세 만기 2년이 되기 전에 이사를 가기 때문에 새로운 세입자 구하는 비용을 부담해야 한다. 집주인은 아무 비용도 들이지 않고 전세 상승분에 대해 벌게 된다. 그러니 이런 아파트를 갖고 있을 때 세입자가 갑자기 나간다면 기쁘겠는가? 아니면 힘들겠는가? 너무나 기뻐서 웃음이 절로 나올 것이다.

 필자는 이런 경우가 많아서 여러분이 나중에 느낄 이 기분을 잘 안다. 그래서 이런 아파트의 전세는 여러분에게 보물 중의 보물이다. 세상에 이런 보물이 어디 있겠는가?

그러므로 남들이 뭐라 한들 그저 기쁜 마음으로 이런 아파트를 구입하자. 남들이 여러분의 인생을 살아주는 것은 아니다.

다시 말하지만 필자가 투자를 권하는 조건의 소형 아파트, 즉 매매가 대비 전세가 비율이 85% 이상인 소형 아파트는 전세가가 계속 오를 수밖에 없다. 이 점을 제대로 알고 있는 것만으로도 부자가 되느냐, 되지 못하느냐의 시초가 된다.

Part 03

왜 '갭 투자'인가?

"

부동산 투자의 분야에는 땅, 다세대주택, 빌라, 상가, 빌딩, 아파트, 오피스텔 등이 있다. 요즘에는 경매 투자, NPL 투자도 있다.
이렇게 많다 보니 사람들은 어떤 투자를 해야 하는지 감을 잡지 못한다. 어떤 사람은 땅이 최고라고 하고, 어떤 사람은 빌라를 지어 임대하는 것이 최고라고 한다. 서점에도 부동산 관련 책이 너무 많다. 최근에는 NPL 투자가 소수의 사람들에게 각광받고 있다는 소식이 들리고 경매를 배우려는 사람들로 경매 학원이 북새통을 이룬다고 한다. 신문 광고나 경제 방송에서는 어느 지역 아파트를 분양받으라고 하거나 프리미엄 붙은 아파트를 사라고 권유하는 부동산 전문가들도 계속 나오고 있다.
도대체 어떤 부동산에 어떻게 투자해야 하는가? 그에 대한 정확한 길을 이번 장에서 보여주고자 한다.

"

01
부동산은 땅 투자가 최고다?

예전에 아버지는 돈만 모으면 바로 땅을 사야 한다고 항상 말씀하셨다. 아버지와 필자는 전주에 살았는데 아버지는 교직 생활을 하면서 전주 인근에 땅을 사놓지 않은 것에 대해 항상 후회하셨다. 그래서인지 항상 필자에게 전주 인근의 땅을 사야 한다고 강조하고 또 강조하셨다.

과거에는 땅을 갖고 있다가 갑자기 부자가 된 사람도 많았다. 재개발이나 도로가 뚫리자 땅값이 갑자기 급등해서 부자가 된 사람들의 이야기는 한두 번은 들어봤을 것이다. 요즘도 신문에서 어떤 지역의 아주 좋은 땅이 있으니 분양을 받으라는 광고를 어렵지 않게 볼 수 있다. 나중에 가격이 크게 오를 지역이니 꼭 분양받으라고 말이다. 한 부동산 업체는 대규모의 땅을 전문적으로 쪼개 분양하기도 한다. 여러 지역의 땅 투자를 권하는 온라인 카페도 많이 있다.

그렇다면 지금도 이런 땅 투자가 우리를 부자로 만들어줄 수 있을까? 땅이 정말 우리에게 큰 이익을 주는 보물 같은 존재일까?

필자는 아버지와 다르게 솔직히 땅 투자를 좋아하지 않는다. 아니 반대한다.

땅은 한 번 가격이 오르면 우리가 정말 생각하기 힘들 정도로 크게 오른다. 입이 다물어지지 않을 정도로 크게 오른다. 그러니 수많은 사람이 땅에 투자하고 싶다는 생각을 할 것이다. 필자의 아버지처럼 말이다. 하지만 땅은 한 번 구입하면 도대체 언제 그 땅값이 오를지 아무도 모른다. 내년에 오를지, 5년 뒤에 오를지, 10년 뒤에 오를지, 아니면 아들 세대에 오를지, 손자 세대에 오를지 그 누구도 모른다. 그렇게 언제 오를지 모르는 땅에 여러분의 소중한 돈을 묻어두고 싶은가? 더군다나 땅에 투자할 경우 그 금액은 결코 적지 않다. 큰 금액을 언제 오를지 모르는 땅에 묻는 게 정말 올바른 투자일까? 만약 땅값이 오르지 않고 10여 년이 지나면 내 목돈은 그저 사용하지도 못하고 계속 묶인 채 썩는다는 계산이 나온다.

필자가 볼 때 이렇게 돈이 오랜 시간 묶이는 것은 올바른 투자가 아니다. 투자한 돈이 시간이 지나면서 계속 구르고 또 구르게 만들어 현금을 계속 만들어주는 것이 중요하다. 그런데 계속 땅속에 묻혀 썩어가고 있다면 잘못된 투자다.

땅 투자? 그냥 돈 많은 사람이나 하라고 하자. 그게 낫다. 우리 같은 직장인들이 해야 할 투자 방법은 절대 아니다. 이 책에서 말하는 소형 아파트 투자를 통해 거대한 부자가 되고 난 뒤에 땅 투자를 해도 된다. 지금은 아예 땅 투자 같은 것에는 절대 관심조차 갖지 말라. 필자의 진심 어린 부탁이다.

02
요즘 빌라와 다세대주택을 많이 짓는다고 하는데

　1990년대 초반부터 2000년대 중반까지 빌라와 다세대주택은 최고의 투자처 중 하나였다. 그 당시에는 인기가 정말 대단했다. 빌라를 사면 월세나 전세를 둬서 수입을 챙길 수 있었고 나중에 그 자리에 새로 생길 아파트 재개발도 노릴 수 있었다. 또한 경매를 통해 구입해서 새로운 세입자를 전세로 구해 투자 금액을 줄였다가 나중에 가격이 오르면 파는 투자사례도 많았다.

　필자도 예전에 처음으로 부동산 투자를 했을 때 빌라나 다세대주택을 현장 답사하기 위해 참 많이 돌아다녔다. 그때는 그것이 좋은 투자방법이라고 생각을 했었다. 하지만 요즘은 누군가가 빌라와 다세대주택에 투자하겠다고 한다고 하면 적극적으로 반대한다.

　빌라와 다세대주택에 거주하는 사람들은 대부분 아파트에 사는 사람들보다 생활수준이 낮다. 그러다 보니 월세를 제대로 지불하지 못해 집주인의 애를 타게 하는 경우가 의외로 많다. 게다가 빌라와 다세대주택은 쉽게 파손이 발생하는데 그것을 해결하기 위한 스트레스도 상당하다. 무엇보다 빌라와 다세대주택의 가격이 예전처럼 잘 오르는 시대도 아니고 사려는 사람도 많지 않다. 예전에는 투자의 대상으로 빌라와 다세대주택을 사겠다는 사람이 많았지만 지금은 실수요를 목적으로 사겠다는 사람도 그리 많지 않다. 이런 상황에서 빌라와 다세대주택에 투자한다는 것은 위험할 수 있다.

　투자는 뭐니 뭐니 해도 환금성이 중요하다. 아무리 빌라와 다세대주택을 수백 채 갖고 있으면 뭐하겠는가? 팔고 싶을 때 팔 수 없고 돈 필요할 때 환금을 못한다면 올바른 투자라고 할 수 없다. 게다가 요즘은 부동산도 불황이다 보니 건설회사들이 재개발이나 재건축을 사업성이 떨어진다는 이유로 잘 하지 않는다. 그래서 재개발, 재건축 등을 바라보고 빌라와 다세대주택에 투자하는 것은 위험하다.

　요즘 빈 땅에 원룸주택들이 새로 생겨나는 것을 쉽게 본다. 은퇴자들이 퇴직자금과 대출을 통해 노후 준비용 등으로 원룸주택을 많이 짓는다. 이러한 원룸주택을 지으라는 책들도 서점에서 쉽게 볼 수 있다. 물론 원룸주택이 큰 산업단지 옆이나 시내 중심가라면 큰 걱정이 없다. 하지만 원룸주택 대부분은 빈 땅만 있으면 지을 수 있기 때문에 그 공급량이 대단하다. 아주 놀랄 정도로 원룸 주택들이 많이 지어지고 있다. 시간이 지날수록 기존의 원룸주택은 노후화가 되고 그 주변에는 새로운 원룸주택이 우후죽순 생겨날 것이다. 원룸주택의 경우에는 기존의 것과 새로운 것의 임대료가 그리 차이 나지 않기 때문에 새로운 원룸주택으로 옮기게 되면서 기존의 원룸주택은 세입자를 구하는 데 점점 어려워진다. 공실이 생길 가능성이 높으며 노후화로 인한 보수에 대한 집주인의 스트레스도 심하게 된다.

　필자는 요즘 새로 지어지는 원룸주택들을 보면 한숨이 많이 나온다. 집주인에게 큰 수익을 보장해주지 못할 수 있다는 생각, 어쩌면 손해가 클 수도 있다는 생각, 그리고 저 원룸주택을 짓기 위해 집주인은 수십 년 동안 잘 쓰지도 않으면서 많은 노력 끝에 모은 소중한 돈인데 안타깝다는 생각 등에 저절로 한숨이 나오는 것이다. 잘 알지도 못하는 집주인이 불쌍하게 느껴지기도 한다.

　돈이 있다고 해도 절대로 빌라, 다세대주택, 원룸주택에 투자하지 말자. 행복하기 위해 투자했지만 결국 더욱 불행하게 만들 확률이 더 높다.

03
경매는 부동산 투자의 꽃이다?

  부동산 투자에서 경매는 빼놓을 수 없는 투자방법인 것 같다. 서점에 가보면 경매에 관한 책이 정말 많다. 너무 많아서 어떤 책을 읽어야 하는지도 잘 모를 정도다. 경매를 통해 크게 성공했다는 사람도 많고, 재테크 방법 중에 경매만큼 좋은 것이 없다고 주장하는 책도 많다. 주변에 경매 학원이 많아 쉽게 경매를 공부할 수 있고 학원에서 경매를 가르치는 강사들도 경매로 돈을 크게 벌었다고 한다. 경매 학원에서는 경매가 부동산 투자의 꽃이라고 한다. 그만큼 경매로 낙찰이 되면 큰 수익을 낸다고 자랑하는 것이 사실이다. 그렇다면 관련 책이 많고 부동산 투자의 꽃이라고 할 정도로 경매는 매력적인 부동산 투자방법일까?

필자는 그렇게 생각하지 않는다. 오히려 경매는 우리 같은 사람들이 하지 말아야 할 투자방법이라고 주장하고 싶다. 그 이유에 대해서 한 번 생각해보자.

먼저 경매는 시간을 많이 빼앗는다. 경매 관련 사이트에 들어가서 일일이 검색해야 하고 관심 있는 아파트가 있으면 직접 찾아가 보면서 해당 지역의 아파트 시세로 다 조사를 해야 한다. 가끔 그 아파트에 사는 세입자도 만나서 오랜 시간 이야기도 나눠야 한다. 이렇게 경매는 시간이 의외로 많이 든다. 또한 경매로 나온 부동산에 대한 권리분석을 해야 하고 선순위 세입자가 있다면 신경도 적지 않게 쓰인다. 조사에만 많은 시간이 들어가고 경매 입찰일에 맞춰서도 준비해야 하니 경매의 과정에 있어 신경 써야 할 것이 한두 가지가 아니다.

예전에는 경매에 참가하는 사람이 많지 않았지만 언제부터인가 경매 학원을 통해 많은 사람이 참여하게 되면서 경매 시장이 과열되었다. 경쟁률도 상당히 높아졌고 낙찰율도 예전보다 많이 오르게 되었다. 필자도 경매 때문에 법원에 가서 참관하다가 높은 가격에 낙찰을 받은 사람을 보면서 저 가격이면 그냥 사는 게 훨씬 나을 것 같다는 생각을 한 적이 한두 번이 아니었다.

요즘은 한 개인이 경매로 큰 수익을 낼 수 있는 환경은 절대 아니다. 경매 전문가가 특수물건을 대상으로 큰 수익을 얻을지는 모르겠지만 일반인까지 큰 수익을 얻는 시대는 끝났다고 생각한다.

경매를 하려면 경매 물건이 있는 지역으로 임장(臨場)해야 하고 주변을 조사해야 하는데, 이런 시간도 만만치가 않다. 그러니 직장인들이 어떻게 시간을 많이 낼 수가 있겠는가? 어떻게 시간을 내서 임장도 마쳤다고 해보자. 그리고 낙찰을 받고자 해도 그 물건의 경쟁률이 10대 1을 넘는 것이 다반사다. 경매 전문가 정도가 되어야 분석하는 특수 물건이면 몰라도 일반적인 경매 물건이라면 다른 입찰자들도 다 알고 있다. 결국 누가 더 높은 금액에 입찰을 했느냐의 싸움, 즉 가격 싸움인데 그렇다면 낙찰을 받기가 어려워지고 기적처럼 낙찰을 받아도 수익이 높지 않을 것이다.

여러 경매 부동산에 끊임없이 계속 입찰을 시도하지만 낙찰을 받지 못하고 떨어지면 거기에 공들였던 그 많은 시간은 뭐가 된다는 말인가? 요즘은 개인이 낙찰을 한 건 받기 위해 10번 정도 떨어지는 것은 기본이라고 한다.

필자가 경매를 싫어하는 또 다른 이유가 바로 세입자를 내보내는 명도 때문이다. 경매에 나오는 부동산 중 보증금을 다 받고 웃으면서 나가는 세입자도 있지만 그렇지 못한 세입자가 훨씬 많다. 그런 세입자를 보면 꼭 죄인이 되는 것 같기도 하고 이사비를 줘도 뭔가 꺼림칙하다. 게다가 세입자가 끝까지 나가지 않아 명도 소송까지 진행하면 과연 사람이 할 짓인가 할 때가 의외로 많다. 부동산 투자라고 하면 수익을 얻고 부자가 되기 위해서인데 누군가에게 피해를 주는 것 같다. 이렇게 해서라도 큰 수익을 얻는다면 모르지만 그렇지도 않다.

두어 달 전, 필자의 부동산 수업을 받으러 온 한 고객과 이야기를 할 기회가 있었다. 최근 경매에서 3건의 낙찰을 받았다고 한다. 다른 지역은 잘 몰라서 아예 관심을 두지 않고 사는 아파트 지역의 경매만을 관심을 갖고 참여했다고 한다. 요즘처럼 낙찰을 받기 어려운 시점에 어떻게 3채나 낙찰을 받으셨냐면서 엄지를 들었는데 이 고객의 말씀이 경매 낙찰가와 매매시세의 차이가 겨우 200~500만 원뿐이라고 하는 것이 아닌가. 아파트 매매시세가 2억 원이라면 경매 낙찰가는 1억 9,500만 원이라는 말이다. 고객보다 바로 밑의 가격으로 쓴 또 다른 입찰자와 가격 차이가 불과 50만 원이었다고 한다.

매매시세와 경매 낙찰가가 이 정도밖에 차이가 나지 않는데도 경매를 해야 하는가? 실제로 매매에서는 몇 백만 원 정도는 얼마든지 협상을 통해 조절이 가능하다. 그렇다면 경매를 통해 아파트를 구입하는 것이 좋은가? 아니면 협상을 잘해서 아파트를 구입하는 것이 좋은가? 필자가 300여 채의 아파트를 구입하면서 협상을 통해 수백만 원씩 매매가를 조정했던 것이 거의 대부분이었다.

자, 어떤가? 큰 수익을 얻지도 못하는데 쏟아부어야 할 시간은 너무나 많고 수없이 도전해도 낙찰을 받기 힘들며 설령 낙찰을 받아도 남의 집 아파트 문 앞에서 초인종을 누를지 고민하고 얼마나 부자가 되겠다고 세입자와 피터지게 싸우면서 명도 소송을 하거나 이사비를 줘가면서까지 제발 나가달라고 빌고 또 빌어야 하는가? 그렇게 시간을 많이 버리고 스트레스를 받을 바에 차라리 가족과 함께 즐거운 시간을 보내든지 아니면 하는 일의 분야에서 최고가 되기 위해 열심히 노력하자.

경매가 아니라 일반적인 방법으로 아파트를 매매하려고 협상하러 방문하면 그래도 집주인이나 세입자에게 환영받으면서 음료수 한 잔이라도 얻어먹을 수 있다.

경매? 그런 거 하지 말자. 아니 하지 마라. 대신 사람을 대하는 방법, 즉 협상에 대해 공부하고 연구해라. 사람이 살면서 협상을 알면 작게는 몇 만 원부터 크게는 수억 원을 벌 수 있다.

경매는 여러분을 작게 만들지만 협상은 큰 사람으로 만들어준다. 과거의 영웅들 중에 협상가다운 사람이 많다는 것을 알아야 한다.

경매를 하다 보면 필수적으로 들어가야 할 그 수많은 시간에 차라리 지금 하고 있는 일에 최선을 다해 인정을 받든지, 아니면 가족들과 함께 여행을 다니면서 많은 추억을 쌓든지, 책을 읽는 것이 훨씬 낫다고 생각한다.

다시 말하지만 경매는 하지 말자. 경매를 할 시간이 있다면 그냥 편히 쉬어라.

04
연예인들은 상가와 빌딩투자를 많이 한다는데

　길을 걷다 보면 수많은 상가와 빌딩을 본다. 하나만 갖고 있으면 매월 임대료를 받으면서 편하게 살 수 있겠다며 한 번쯤 생각했을 것이다. 어떤 사람이 저런 상가, 저런 빌딩을 갖고 있을까 생각한 적도 많을 것이다.

　그래, 맞다! 상가나 빌딩을 갖고 있다면 매월 임대료를 받으면서 편안한 생활을 할 수 있을 것이다. 이 얼마나 좋은 일인가? 열심히 일해서 받는 노동의 대가가 아니라 가만히 있어도 꼬박꼬박 통장에 돈이 들어오는 일이 말이다. 그래서 수많은 연예인들이나 돈 있는 사람들이 상가 투자를 하는 것이다. 재테크의 꽃이 상가 투자라는 사람도 있다. 하지만 반드시 알아야 할 점이 있다.

상가나 빌딩을 가지려면 상당히 많은 돈이 들어간다. 몇 억 원은 기본이다. 그런데 한 달에 100만 원 저축도 힘든 일반인에게 몇 억 원은 엄청 큰 금액이다. 설령 100만 원씩 저축한다고 해도 1년이면 1,200만 원이고 10년이 지나야 1억 2,000만 원이다. 이렇게 20년은 모아야 간신히 작은 상가 하나 구입할 수 있다. 상가 하나 사려고 이렇게 오래 기다릴 수 있겠는가?

상가는 입지, 즉 위치가 가장 중요하다. 어디에 있느냐에 따라 임대료의 차이가 굉장히 크다. 만일 위치가 좋지 않으면 공실의 위험성도 있다. 소유하고 있는 상가가 공실이어서 고민이 크다는 필자의 회원도 있다.

빌딩도 마찬가지다. 빌딩은 상가와 비교할 수 없을 정도인 수십억 원 이상이 투입되어야 한다. 특히 위치와 경기 상황에 대한 위험성이 상가보다 훨씬 높다. 요즘 신문을 보면 강남의 대형 빌딩도 공실 때문에 힘들다는 기사를 쉽게 보게 된다.

그렇다면 상가 투자나 빌딩 투자를 하지 말라는 말인가? 아니다. 그렇지 않다. 정말 위치가 좋은 곳에 자리 잡은 상가를 갖는 꿈을 접을 필요는 없다. 연예인들처럼 빌딩을 가진다는 꿈도 접을 필요는 없다.

대신 이렇게 하자. 이 책에서 이후부터 설명하는 방법처럼 1,000만 원, 2,000만 원씩 돈이 모이는 대로 상가보다 소형 아파트에 투자하는 것이다. 소형 아파트를 쇼핑하듯이 계속 구입한다. 그렇게 10년 정도 지나면 그 소형 아파트들이 당신에게 상가를 선물해줄 것이다. 당신은 돈 한 푼 들지 않는다. 좀 더 시간이 지나면 상가뿐만 아니라 빌딩도 내 돈 한 푼 들이지 않고 살 수 있게 된다. 독자 여러분은 이 책을 끝까지 읽으면 무슨 말인지 알게 된다.

똑같이 돈을 모으는데 상가 1채를 갖는 게 좋겠는가? 아니면 아파트 수십 채와 상가 여러 개를 갖는 게 좋겠는가?

필자는 이제부터 이러한 방법을 알려드리고자 한다. 여러분은 나중에 상가뿐만 아니라 빌딩을 소유한 거대한 부자도 될 수 있다. 수십억 원이나 하는 빌딩을 갖고 있다고 상상해보라. 이 얼마나 가슴 뛰는 일인가? 그런 사람이 여러분도 될 수가 있다.

앞으로 소유하게 될 수많은 소형 아파트가 알아서 상가를 만들어주고 빌딩을 선물해준다면 여러분은 믿겠는가? 이래서 아는 게 힘이요, 모르면 당하는 것이다. 여러분에게 필자가 신세계를 열어드리겠다.

05
어떤 지역에 투자해야 하는가?

요즘 뉴스와 신문을 보면 항상 아파트 시장에 대해 어두운 기사만 나온다. 분양권 시장이 완전히 얼었다거나 미분양이 넘쳐난다면서 지금 아파트에 투자하면 바보라고까지 말한다. 그렇다면 지금은 아파트에 투자하지 않는 것이 맞을까? 아무리 경제가 어려워도 아파트 투자와 관련해서 좋은 방법과 나쁜 방법이 있다.

아파트는 중대형 아파트와 소형 아파트로 나눌 수가 있다. 앞으로 시간이 갈수록 중대형 아파트가 인기가 많아지겠는가? 아니면 소형 아파트가 인기가 많아지겠는가? 한번 생각해보자. 요즘은 결혼을 하지 않으려는 젊은이가 많아지고 있으며 결혼을 해도 아이를 1명만 낳는다. 또한 이혼율도 높아지고 있으며 노인도 많아지고 있다. 이러한 상황 변화 때문에 1인 가구 또는 2인 가구의 수가 계속 늘 수밖에 없다. 자연스럽게 중대형 아파트가 아닌 소형 아파트에 거주할 것이다. 돈이 많다면 한강이 보이는 큰 아파트에서 혼자 살 수 있겠지만 1명 또는 2명이 사는데 매월 나가는 관리비와 대출 이자를 생각하면 당연히 소형 아파트를 선택할 것이다. 시간이 갈수록 소형 아파트의 수요와 인기는 높은 줄 모르고 치솟을 것이다. 어쩌면 소형 아파트의 인기는 이제 시작인지도 모른다.

건설회사의 입장도 눈여겨봐야 한다. 다음의 상황을 한 번 보자.

① 40평 아파트를 팔다.
② (40평을 2개로 쪼개) 20평 아파트 두 채를 팔다.

①과 ② 중에서 어떨 때 이익이 많을까? 실제로 20평 아파트를 두 채 만드는 공간은 40평 아파트 때보다 많이 든다. 40평보다 훨씬 많은 공간을 만들어야 하고 그 공간을 쪼개기 위해 벽을 더 만들어야 해서 건축비가 상대적으로 많아진다. 건설회사가 아파트 단지를 조성할 때 조경이나 인테리어에 신경을 많이 쓰지만 그 금액이 전체 공사금액에서 차지하는 바

가 그리 크지 않다. 대신 벽 하나를 더 설치하는 것이 오히려 더 들어서 벽 하나 만드는 것에 아주 민감하다.

또한 소형 아파트는 대부분 서민이 살아야 하기 때문에 건설회사가 분양가를 무턱대고 크게 올리지 못한다. 분양가를 확 올려서 소형 아파트를 분양했다가 실패하면 그 손해가 어마어마하기 때문에 건설회사 입장에서야 소형 아파트를 높게 할 수 없다. 반면 중대형 아파트의 경우 공사비는 상대적으로 적게 들면서 분양가는 높게 올릴 수 있다. 건설회사 입장에서는 중대형 아파트를 파는 것이 더 낫다. 실제로 몇 년 전까지만 해도 새로 짓는 아파트들 대부분이 거의 30평대였다. 건설회사의 이익구조를 생각한 결과다.

소형 아파트를 지어서 서민들에게 제공하라고 만들어진 LH(한국토지주택공사)라는 공기업이 있다. 하지만 현재 부채가 수조 원인 바람에 소형 아파트 건축 계획이 줄고 있는 상황이다. 엄청난 부채로 힘든 LH가 수익을 내지 못하는 소형 아파트를 앞으로는 계속 지을 수 있을까? 아마 쉽지 않을 것이다. 요즘에는 LH도 30평대 이상의 아파트를 지어서 팔고 있다. 수익을 내기 위해 몸부림치고 있는 것이다.

이러한 상황 때문에 값비싼 중대형 아파트는 계속 지어질 것이고 시간이 갈수록 수요는 점점 떨어지니 자연스럽게 가격이 떨어질 확률이 높다. 반면 저렴한 소형 아파트는 끊임없는 수요와 적은 공급 때문에 가격이 오를 수밖에 없다. 그래서 이런 소형 아파트가 투자하기에도 아주 적합하다. 우리는 서민들이 쉽게 접근하는 소형 아파트에 투자의 초점을 맞춰야 한다.

그렇다면 어떤 소형 아파트에 투자해야 할까? 그저 서울, 수도권, 지방 등 할 것 없이 소형 아파트라고 한다면 무조건 투자해야 하는가?

서울과 수도권에 사람이 계속 몰리니 이 지역에 투자를 해야 한다고 생각할 수 있다. 서울 강남이 아닌 강북을 보자. 길음 뉴타운의 경우 현재 24평형 아파트가 4억 원 정도라고 한다. 매월 100만 원을 저축한다고 해도 4억 원을 모으려면 30년 가까이 걸린다. 말이 30년이지 지금 30살이면 60살에 한 채를 살 수 있다는 계산이 나온다. 물가 상승은 아예 고려도 하지 않은 계산이다. 과연 이것이 올바른 투자라는 생각이 드는가? 그저 인내와의 싸움이라고밖에 볼 수 없다.

서울은 너무 비싸니 수도권을 가보자. 수원의 경우 24평형 아파트가 대략 2억 5,000만 원 정도이다. 그래도 매월 100만 원씩 17년 정도 저축해야 한다. 참으로 긴 시간이다. 이 또한 좋은 투자방법이 아니다. 아파트 투자는 이렇게 하는 것이 아니다. 전세를 끼고 사야 훨씬 빠르게 살 수 있다.

현재 서울과 수도권의 평균 전세가 비율이 매매가 대비 70% 정도다. 4억 원 아파트의 전세가가 2억 8,000만 원 정도가 된다고 볼 수 있다. 전세를 끼고 산다면 내 돈은 1억 2,000만 원 정도 든다. 물론 1억 2,000만 원을 모으려면 매월 100만 원씩 저축을 해도 9년 정도 걸린다. 또한 수도권의 경우 매매가가 2억 5,000만 원인 아파트의 전세가를 매매가 대비 70%로 봤을 때 1억 7,500만 원 정도라는 계산이 나온다. 전세를 끼고 산다면 내 돈이 7,500만 원 정도 들이면 된다. 매월 100만 원씩 저축해도 7,500만 원을 모으려면 6년 가까이 걸린다.

과연 좋은 투자라고 생각하는가? 30년 걸려 살 수 있는 서울의 아파트를 전세 끼고 사려고 해도 9년이 걸리고, 17년 걸려 살 수 있는 수도권의 아파트를 전세 끼고 사려고 해도 6년이나 걸린다면 좋은 투자라고 할 수 없다.

부동산 투자에서 아파트를 한 채 사는데 6년 또는 9년이 걸리면 그리 좋은 투자가 아니다. 부동산 투자, 즉 아파트 투자는 단시간에 한 채씩, 한 채씩 사는 재미가 있어야 한다고 하면서 한 채마다 수익이 발생하는 재미로 투자해야 하는 것 아니겠는가? 그런데 오랜 시간이 걸려 겨우 한 채를 산다면 부동산 투자의 재미도 없고 수익도 별로 얻지 못한다. 그러므로 어느 지역의 소형 아파트에 투자해야 하는지가 가장 중요한 사항이라고 할 수 있겠다.

06
지방이 오히려 보물일 수도 있다

사람들은 지방에 투자하라고 하면 거부감을 갖는다. 지방에서는 인구가 줄고 있으니 투자해봤자 손해가 클 것이라고 생각하기 때문이다. 하지만 그건 아마추어 같은 생각이다.

지방이라고 발전하지 않는 것도, 아파트 가격이 오르지 않는 것도 아니다. 오히려 요즘에는 특성화된 지방 도시가 수도권보다 더 활발하게 발전하고 있으며 젊은 인구의 유입도 의외로 많다.

우리나라는 실제로 서울과 수도권에 너무 집중되어 있는 바람에 심각한 경제적, 지역적 차이에 따른 문제가 발생하고 있다. 그래서 정부는 이 문제를 해결하고자 지방에 많이 분산시키려고 노력하고 있다. 정부 공기업 본사를 지방으로 옮기고 대기업이 지방에 공장을 지을 때 막대한 세제 혜택을 주는 것이 그 노력의 일부다.

물론 그렇다고 아무 지방에나 투자하라는 말은 아니다. 지방에 투자할 때는 일반 도시가 아니라 거대한 산업단지가 있는 도시에 투자해야 한다. 거대한 산업단지가 있어야 인구의 유입이 계속 이뤄지면서 발전하기 때문이다. 또한 그런 도시를 중심으로 지역 경제가 더욱 활성화가 된다.

이런 거대한 산업단지를 가진 도시를 눈여겨봐야 하는데 30평에서 40평대 아파트가 대부분이고 소형 아파트가 적다면 더욱 좋다. 또한 직장들이 몰려 있으면서 매매가와 전세가의 차이가 극히 작은(적어도 전세가가 매매가 대비 85% 이상) 소형 아파트가 보물 중 보물이다. 이 아파트가 여러분의 인생을 180도 바꿔줄 수 있다.

다시 한 번 강조하는데 아파트의 최고 투자조건은 첫 번째도 입지, 두 번째도 입지다. 아울러 매매가와 전세가의 차이가 아주 작은 소형 아파트에 집중해야 한다.

매매가가 1억 원 이상인 아파트가 좋을까? 아니면 7,000만 원~8,000만 원 정도의 아파트가 좋을까? 필자가 볼 때는 (현재 기준으로) 1억 원 이상인 아파트가 좋다. 그 정도가 되어야 아파트의 상태도 나쁘지 않고 들어오는 세입자의 생활수준도 그리 낮지 않아서 관리도 쉽다. 간혹 생활수준이 낮은 세입자의 경우 가끔 배 째라는 식으로 행동하는 바람에 집주인이 매우 피곤해진다.

대단지에 있는 소형 아파트를 골라야 한다. 500세대 이하의 아파트 단지는 수요를 계속적으로 끌어들이기에 한계가 있다. 대단지일수록 주변에 상권이 살아있고 학교나 학원시설이 발달되어 있으며 교통까지 좋아서 수요가 꾸준하게 있다.

명심하자. 아무 지방이나 투자하는 것이 아니라 거대한 산업단지를 끼고 있는 지방 도시 중에 소형 아파트만을 투자해야 한다. 그 소형 아파트의 매매가는 1억 원이 넘으면서 매매가와 전세가 차이가 아주 작아야 한다. 전세가가 매매가의 85% 이상이면 금상첨화다. 이것이 바로 지방에 있는 소형 아파트 투자의 성공 비밀이다.

07
수도권에도 기회는 많다

지금까지 지방의 소형 아파트를 투자 대상으로 삼아야 한다고 했다. 그렇다면 수도권의 소형 아파트는 투자 대상으로 보기 힘든 것인가? 그렇지 않다.

물론 앞에서 수도권의 비싼 아파트는 매매가와 전세가의 차이가 커서 투자가 위험하다고 말했다. 하지만 쉽게 접근할 수 있는 가격의 소형 아파트, 그리고 주변에 회사가 많은 지역 인근의 소형 아파트이면서 매매가와 전세가의 차이가 작다면 투자 대상이 될 수 있다.

수도권의 소형 아파트가 지방보다는 투자 금액이 더 든다. 하지만 방금 말한 조건들을 만족하는 아파트라면 보물과 같다고 할 수 있다. 수도권에서는 매매가가 1억 원대 후반에서

3억 원대 중반까지의 소형 아파트가 투자하기에 좋다. 게다가 매매가와 전세가의 차이가 2,000만 원대 이내 또는 매매가와 전세가의 비율이 85% 이상이라면 무조건 보물이라고 봐도 된다. 그 대신 해당 소형 아파트의 전세가가 갑자기 폭등했거나 또는 매매가가 갑자기 떨어져서 매매가 대비 전세가의 차이가 갑자기 작아졌다면 투자하지 않는다. 시간이 지나면서 매매가가 물가 상승률만큼 계속 오르고 전세가도 같이 오르는 소형 아파트, 아울러 매매가와 전세가의 차이가 항상 작은 소형 아파트가 바로 수도권에서의 투자 대상이다. 만일 서울과 수도권에 이런 아파트가 있다면 지방의 그 어느 아파트보다도 더 매력적이다.

서울과 수도권의 아파트가 지방의 아파트보다 전세가가 오르는 힘이 더 세기 때문에 매매가와 전세가의 차이가 아주 작은 소형 아파트가 서울과 수도권에 있다면 적극적으로 투자해야 한다.

예전에는 수도권에 전세를 끼고 소형 아파트를 사려면 4,000만 원~5,000만 원 정도가 들었다. 그래서 투자하기에 적절하지 않았다. 그 금액이면 지방에서 3~4채 정도 살 수 있었으니 수도권에서 1채밖에 못 사는 것이 좋은 투자라고 할 수 없었다.

아파트 투자에 있어 수도권에 비싼 아파트 1채를 갖고 있으면서 투자를 잘했다고 하는 사람은 바보와 같다. 오히려 아파트 투자는 얼마나 소형 아파트를 많이 갖고 있느냐, 즉 아파트 수의 싸움이라고 볼 수 있다. 아파트가 많을수록 현금 흐름이 좋아지므로 더 많은 기회가 쌓이게 된다. 같은 금액이더라도 강남에 으리으리한 아파트 1채보다 지방이더라도 유명한 지역의 몇 채의 아파트를 갖고 있는 것이 훨씬 잘한 투자다.

40평대 이상의 대형 아파트는 어떤지 묻는 사람이 많다. 실제로 대형 아파트는 어느 지역을 불문하고 무조건 무덤이라고 보면 된다. 이보다 더한 무덤이 없다고 할 정도로 무서운 존재다.

앞에서 말했던 것처럼 소형 아파트는 시간이 갈수록 수요가 급증할 수밖에 없다. 솔직히 소형 아파트는 우리가 상상하는 그 이상으로 인기가 어마어마하다. 어쩌면 소형 아파트의 인기는 이제 시작인지도 모른다. 이에 비해 대형 아파트는 서민들이 접근하기에 가격이 굉장히 비싸다. 분양하는 대형 아파트의 가격을 한 번 봐라. 너무 비싸서 입이 다물어지지 않는다. 서울, 수도권, 지방 상관없이 대형 아파트는 다 비싸다. 이게 진정 올바르다고 생각하는가? 게다가 갈수록 대형 아파트에 살 정도의 가족 수를 가진 가구의 수도 줄어들고 있다. 관리비와 세금 등도 꽤 비싸다. 이러한 환경인데 대형 아파트가 지금의 가격을 앞으로도 유지할 수 있다고 생각하는가? 필자는 솔직히 회의적이다. 절대 그럴 수 없다고 생각한다.

　소형 아파트는 매매가와 전세가가 계속 오를 수 있어도 대형 아파트는 가격 상승에 어려움이 많다. 수많은 대형 아파트의 가격이 조정을 받거나 떨어질 가능성이 높다. 그래서 대형 아파트의 경우 매매가와 전세가의 차이가 큰 것이다. 인기와 수요가 그리 높지 않는데도 가격만 높은 대형 아파트는 이후 매매가가 조정을 받거나 떨어질 확률이 아주 높다. 그런데 부동산 브로커나 아파트 분양사무소의 직원들은 아직도 대형 아파트가 유망하다고 주장한다. 이들은 대형 아파트를 팔아야 수수료를 받을 수 있어서 그렇게 주장하는 것이다.

　필자는 여러분이 이런 사람들에게 절대 속으면 안 된다고 말하고 싶다. 40평 이상의 아파트는 절대 투자의 대상으로 봐서는 안 된다. 정말 힘들게 할 수 있다.

　같은 소형인 소형 오피스텔은 어떤지 묻는 경우도 있다. 오피스텔은 임대수익을 목적으로 지은 부동산이다. 뉴스나 신문에서는 오피스텔의 매매가는 잘 오르지 않는다고 한다. 그래서 일반적으로 오피스텔의 가격은 잘 오르지 않는다고 사람들은 생각한다. 그저 월세나 받는 부동산이라고 생각한다. 하지만 그런 생각을 하는 사람들 덕분에 필자와 같은 부동산 전문가가 돈을 버는 것이다.

건물 외관이 멋있고 실내 인테리어가 화려하며 시내 한복판에 있다고 해도 지방의 오피스텔은 쳐다보지 마라. 지방의 오피스텔은 가격이 거의 오르지 않고 임대수익도 크지 않은 반면 공실이 생기는 경우는 많아 위험하다. 거대한 산업단지가 오피스텔 옆에 있어도 투자하라고 말하지 못하겠다.

하지만 서울과 수도권의 소형 오피스텔은 다르다. 서울과 수도권의 소형 오피스텔은 미혼 직장인, 자녀가 하나만 있는 부부에게 인기가 높다. 서울과 수도권의 오피스텔은 대부분 교통이 좋은 지역에 있기 때문에 직장인들에게 인기가 좋다. 오피스텔도 마찬가지로 중대형 오피스텔은 대형 아파트처럼 위험하므로 절대 투자해서는 안 되는 대상이다.

물론 그렇다고 서울과 수도권의 소형 오피스텔에 무조건 투자하라는 말은 아니다. 매매가와 전세가의 차이가 극히 작은 소형 오피스텔을 찾아봐라. 그런 오피스텔이 바로 보물이다.

사람들은 오피스텔이라고 하면 무조건 강남을 떠올린다. 과연 강남의 오피스텔이 보물일 것 같은가? 웃기지 마라. 강남의 그 비싼 오피스텔은 여러분들을 더욱 가난하게 만든다. 워낙 매매가와 전세가의 차이가 큰 오피스텔이어서 투입해야 하는 금액이 장난이 아니며 자연스럽게 투자 대비 수익이 작다.

필자가 예전에 강남의 오피스텔을 투자했다가 지금도 힘든 상황이어서 말할 수 있는 것이다. 처음 강남의 오피스텔을 구입했을 때 필자는 정말 이게 꿈인가 생시인가 싶었다. 필자 같은 사람이 강남 한복판에 오피스텔을, 그것도 고가의 오피스텔을 구입한다는 사실에 정말 하늘을 나는 것만 같았다. 하지만 그 기쁨도 잠시였다.

세입자를 구하는 일이 너무 힘들었고 설령 구해도 전세가가 너무 낮은 바람에 필자의 돈이 얼마나 많이 들어갔는지 모른다. 당시 그 돈이었으면 지방에 소형 아파트를 20채 이상 살 수 있었다.

투자할 지역은 강남에만 있는 것도, 서울에만 있는 것도 아니다. 수도권만 잘 봐도 매매가 대비 전세가 85% 이상인 오피스텔이 아주 많다. 이런 오피스텔을 구입해서 다른 사람에게 전세로 임대를 주면 매년 전세 상승에 따른 수익을 얻을 수 있다.

다시 말하지만 지방의 오피스텔, 서울과 수도권의 비싼 오피스텔이나 중대형 오피스텔에 투자하면 안 된다. 대신 서울과 수도권에 있으면서 매매가와 전세가의 차이가 극히 작은 오피스텔을 찾아라. 그게 여러분에게 큰 이익을 가져다줄 것이다.

　여기서 잠깐! 요즘 신문의 광고나 온라인 카페를 보면 어느 지역에 호재가 많아서 투자하라는 내용을 쉽게 접한다. 나중에 개발이 크게 되니 미리 분양권을 샀다가 분양을 받거나 프리미엄을 얹어서 팔라고 부추긴다. 그런데 정말 이 내용을 곧이곧대로 믿어야 하는 것일까?
　요즘처럼 저성장의 시대, 불황의 시대에서는 미래의 호재가 처음 이야기한 대로 그대로 이뤄지기 힘들다. 5년 뒤에 지하철역이 들어온다고 해도 그것은 예상일 뿐, 향후 그대로 추진된다는 보장은 그 누구도 할 수 없다.
　저성장시대에서는 정부가 세금의 지출을 더욱 하기 힘들고 건설회사 등의 대기업들도 쉽게 뛰어들기 힘들다. 예전보다 더 철저히 분석하고 돈이 된다는 강한 확신이 서지 않으면 절대로 뛰어들지 않는다.
　정부가 부동산 관련 대출에 대해 규제를 가할 때 가장 먼저 타격을 받는 부분이 바로 아파트 분양권 시장과 현재 짓고 있는 신규 아파트 시장이다. 예전에는 프리미엄을 1억 원 받았는지 몰라도 요즘에는 그런 프리미엄이 거의 없어졌다는 것을 알고 있어야 한다. 프리미엄이 몇 천만 원이 붙은 지역이라고 해도 실제 현장에 가보면 설명과 너무 다른 곳이 수두룩하다. 그러므로 요즘 같은 시기에는 절대로 분양권에 투자하면 안 된다. 또한 아파트를 분양받아도 안 된다. 가격이 떨어질 확률이 매우 크다.

미래의 호재를 당신만 알고 있으라는 광고나 소문에 속아서는 안 된다.

Part
04

부자가 되는 유일한 길,
갭 투자

"

이번 장에서는 지금까지 이야기한 이론을 바탕으로 본격적인 투자 방법, 즉 소형 아파트를 대상으로 하는 갭 투자의 원리와 갭 투자를 통해 어떻게 빠른 시간 안에 거대한 부자가 될 수 있는지에 대해 설명하겠다. 아울러 이 갭 투자를 통해 생활에 어떤 큰 변화가 있을 수 있는지에 대한 사례도 알려주고자 한다. 이번 장의 내용에 놀라는 독자가 많을 것이다.

"

01
1단계 _ 자본금 모으기

사람들 대부분은 아파트를 사려면 상당히 많은 돈이 들어가야 한다고 생각하는 바람에 지레 돈 모으는 것을 포기한다. 최소한 1억 원은 모아야 작은 아파트라도 살 수 있다고 한다. 정말 그럴까?

이 책을 읽는 여러분들은 이런 생각에서 벗어나야 한다. 아파트를 투자할 때 자본금은 1,000만 원만 있어도 할 수 있다. 경우에 따라서는 그보다 더 적은 금액으로도 투자할 수 있다. 2,000만 원 이상만 있어도 수없이 좋은 아파트를 살 수 있다. 그러므로 한 달에 50만 원~60만 원 정도 모으면 된다. 이 정도는 직장인도 모을 수 있다. 상대적으로 크지 않은 50만 원~60만 원이 여러분을 몇 년 후에 엄청난 부자로 만들어준다면 믿을 수 있겠는가?

　앞으로 단계를 차근차근 밟으면 필자가 말하려는 투자 기술을 알게 될 것이다. 그 투자 기술의 자본금을 한 달에 50만 원~60만 원 정도 모으는 것으로 시작하자. 거대한 부자가 되는 첫발을 내딛게 될 것이다.

02
2단계 _ 대출을 활용하기

필자도 직장생활 초기에는 대출을 아주 싫어했다. 대출은 큰일이 일어나는 것처럼 생각하신 필자의 아버지 영향이 컸다고 생각된다.

필자가 처음으로 아파트를 담보도 대출받았을 때 얼마나 무서웠는지 모른다. 내일이라도 전쟁이 터질 것 같은 분위기였다. 내일이라도 전쟁이 터질 것 같았다. 그리고 가슴이 터질 것 같았고 무슨 큰 죄를 지은 것만 같았다. 내일 집 앞에 돈 갚으라고 깡패가 서있을 것만 같았다. 정말 그렇게 느껴졌다. 지금 생각해보면 그때의 생각이나 행동이 어처구니가 없었지만 아파트 300채를 넘게 갖고 있는 필자도 처음에는 대출 앞에서 벌벌 떨었던 시기가 있었다.

하지만 대출의 선순환구조를 이해한 후부터는 대출을 최대한 받으면서 소형 아파트를 미친 듯이 샀다. 초반에는 필자가 갖고 있는 돈이 거의 없어서 오직 대출만으로 소형 아파트를 샀다. 대출 이자는 크게 신경 쓰지 않았다. 솔직히 무서웠지만 그래도 어떻게든 이자는 갚을 수 있다고 생각하면서 아파트 수를 한시라도 빨리 늘리는 데 집중했다. 만약 그 당시에 대출이 없었다면 지금의 필자는 없었을 것이다. 대출을 적극적으로 활용해 소형 아파트를 계속 구입한 것이 부동산 부자가 된 비결이었다. 필자는 지금도 그렇게 대출을 해줬던 은행이 고맙고 한편으로는 바보라고 생각한다. 그 정도의 적은 이자를 받으려고 필자와 같은 사람에게 열심히 빌려주니 말이다. 그때 대출을 통해 정말 많은 아파트를 구입했다.

그때의 그 대출은? 이미 모두 다 갚았다. 하지만 필자가 갚지 않았다. 필자의 수많은 아파트에 살고 있는 세입자들이 다 갚아줬다. 물론 그 세입자들은 자신이 필자의 대출을 갚아줬다는 사실을 모른다. 이것이 부동산의 속성이고 자본주의의 속성이다.

1억 원을 빌려봐야 한 달 이자가 30만 원이다. 필자라면 대출받은 돈으로 소형 아파트를 6채 이상 살 수 있다. 그렇게 사놓으면 대출 이자도 세입자가 갚으며 그보다 훨씬 많은 현금이 들어온다.

물론 대출에도 '좋은 대출'이 있고 '나쁜 대출'이 있다. 서울의 3억 원짜리 아파트를 구입하는데 가진 돈이 1억 5천만 원뿐이어서 나머지 1억 5천만 원은 대출받았다고 해보자. 사람들 대부분은 1억 5천만 원을 갚으려고 죽을힘을 다할 것이다. 월급에서 생활비를 제외한 나머지는 무조건 대출을 갚는 데 쓸 것이다. 이렇게 해야 대출 이자가 별로 안 나온다고 생각하기 때문이다. 하지만 이것은 '나쁜 대출'의 전형적인 예이다.

똑같이 1억 5천만 원이 있는데 경기도의 2억 원짜리 아파트를 사기로 했다고 가정해보자. 필자라면 1억 5천만 원이 있어도 이 중에 1억 원에다 대출 1억 원을 받아 살 것이다. 그리고 남은 5천만 원을 갖고 필자만의 재테크를 시작할 것이다. 그 5천만 원으로 소형 아파트나 오피스텔에 투자해 2~3채 정도 사는 것은 어떨까? 이렇게 2~3채를 만들어 놓으면 이 소형 아파트들이 대출 이자를 갚아주게 된다. 내가 열심히 번 돈으로 대출 이자를 갚는 것이 아니다. 이렇게 해야 돈을 번다. 그리고 이것이 바로 '좋은 대출'이다. 억지로라도 대출을 더 많이 일으켜서 소형 아파트를 사고 그 소형 아파트가 나를 위해 일하게 해주는 시스템을 만드는 것이 바로 부자들이 하는 방법이다.

대출을 빨리 갚아야 좋다고 생각하나? 아니면 아주 늦게 갚아야 좋다고 생각하나? 필자가 살고 있는 아파트의 대출 상환기간은 30년이다. 이렇게 오래 대출을 갚으면 이자가 많이 나오니 좋지 않다고 생각하는데 잘못 알고 있는 것이다. 필자처럼 늦게 갚아야 우리 같은 사람에게 좋고 은행에는 좋지 않다. 대출 이자가 물가 상승률보다 훨씬 적으므로 대출 이자를 늦게 갚을수록 은행에 이기는 것이다. 빨리 갚으면 은행만 좋아할 뿐이다.

알면 힘이요, 모르면 당한다. 대출을 미치도록 그리고 최대로 많이 받아라. 그런 다음, 다른 것 생각하지 말고 미치도록 소형 아파트를 사자. 무서워 할 것? 하나도 없다. 대출 이자? 저금리 시대에 이자가 나오면 얼마나 나오겠는가?

03
3단계 _ 1,000만 원으로도 부자가 될 수 있다

    1,000만 원 정도는 일반인도 그리 어렵지 않게 모을 수 있다. 그런데 사람들 대부분은 이 1,000만 원을 어떻게 굴려야 하는지 잘 모른다. 특별한 관심 없이 은행이나 CMA에 넣거나 펀드에 가입할 뿐이다. 이렇게 하면 돈이 구르지 못한다.

    은행에 예금으로 넣어봤자 1년 뒤 이자가 얼마나 생길까? 기껏해야 10여만 원이나 생길까? 그 작은 이자를 받기 위해 1년 동안 쓰지도 못하고 예금만 해야 하는가?

    펀드도 한 번 생각해보자. 펀드가 아무리 수익을 낸다고 해도 요즘처럼 주가가 침체되어 있는 상황에서 수익이 생겨봤자 얼마나 생기겠는가? 오히려 손해를 보지 않으면 다행이다. 그런 위험성이 있는데도 당신의 소중한 1,000만 원을 펀드에 넣을 생각인가?

CMA도 마찬가지다. 원금을 보장한다고 하지만 그 대신 이자는 쥐꼬리만큼 준다. 그래서 뭘 할 수 있겠는가?

이 책을 읽은 독자라면 1,000만 원을 갖고 부자가 되는 첫걸음을 내딛을 수 있다. 1,000만 원으로 소형 아파트나 수도권의 소형 오피스텔에 투자해라.

1,000만 원을 갖고 어떻게 소형 아파트나 소형 오피스텔을 사느냐고? 말도 안 되는 소리 말라고? 요즘 아파트 가격이 얼마인데 그 돈으로 살 수 있냐고? 맞다. 여러분들의 말이 맞다. 하지만 하나만 알고 둘은 모르는 소리다.

바로 전세를 끼고 사면 해결된다. 전세가가 매매가의 90%에 육박하는 아파트를 사는 것이다. 전세가가 매매가의 90%에 육박하는 소형 아파트나 소형 오피스텔은 없다고 할 수 있다. 하지만 그것은 핑계다. 어떻게 해서든 열심히 돌아다니고 인터넷을 검색하면 찾을 수 있다. 정말 찾을 수 있다. 바로 그런 물건을 찾아서 전세를 끼고 사면 된다.

아파트 가격이 1억 원이고 전세가가 9,000만 원이라고 해보자. 전세를 끼고 1,000만 원이면 이 아파트를 구입할 수 있다(세금 부분은 제외). 1,000만 원을 갖고 소형 아파트 1채를 살 수 있는 것이다. 이 소형 아파트가 집주인을 위해 어떤 일을 해주는지 한 번 보자.

소형 아파트의 전세는 계속 오를 수밖에 없다고 그동안 수없이 주장했다. 자본주의 하에서 물가는 계속 오르므로 당연히 전세가도 계속 오를 것이다. 1~2인 가구의 수가 급격히 증가하는 요즘 같은 시대에는 소형 아파트의 가치는 계속 상승할 것이므로 어쩌면 물가보다 더 빨리 오를 수 있다. 게다가 요즘 같은 저금리시대에는 집주인들 대부분이 전세에서 월세로 전환하기 때문에 전세 공급이 계속 줄게 된다. 전세가가 오를 수밖에 없는 이유다.

보통 전세 만기는 2년이므로 2년 후가 되면 전세를 재계약해야 한다. 앞에서 말한 아파트로 이야기하면 전세 9,000만 원이 2년 후면 1억 원 정도 된다. 전세가가 9,000만 원에서 1억 원으로 1,000만 원이 오른 것이다. 전세 비율이 90% 이상인 아파트는 전세가가 1,000만 원이 오르면 매매가도 덩달아 같이 오른다.

처음 투자했던 금액은 1,000만 원이었다. 그런데 2년이 지나자 호주머니에는 전세 상승분 1,000만 원이 들어오게 된다. 처음에 1,000만 원이 들어갔지만 2년 후에 (전세 상승분) 1,000만 원이 들어오니 실제로 들어간 금액은 제로(0)가 된다. 다시 말하지만 여러분이 투입한 금액이 제로(0)가 되는 것이다.

이렇게 돈 한 푼 들이지 않았지만 그 소형 아파트는 지금 누구의 것인가? 매매가가 오른 부분은 누구의 것인가? 전세가가 오른 부분은 누구의 것인가? 모두 다 1,000만 원을 투자한 여러분의 것이다.

1,000만 원 투자한 이 소형 아파트가 얼마나 큰 수익을 안겨주는지 알게 되었다. 앞으로 계속 2년마다 전세가는 상승하니 수익은 더 커질 것이다.

2년 뒤에 생기는 1,000만 원으로 필요한 것을 사거나 급한 일에 쓸 수 있겠지만 필자는 또 다른 소형 아파트를 구입하라고 제안하고 싶다. 그 1,000만 원을 갖고 또 다른 소형 아파트를 구입하면 저절로 소형 아파트 2채를 갖게 되는 것이다. 내 돈이 아니라 내가 투자한 소형 아파트에 사는 세입자의 돈으로 또 한 채의 소형 아파트가 생긴 것이다. 즉, 여러분이 투자한 최초의 소형 아파트가 저절로 또 하나의 소형 아파트를 새끼 쳐준 것이 된다.

여러분은 그저 매매가 대비 전세가가 아주 높은 소형 아파트에 투자했을 뿐인데 저절로 한 채 더 생겼다. 이러한 것이 바로 부자가 되는 기본적인 원리다. 부자는 자기 돈으로 부자가 된 것이 아니다. 남의 돈을 갖고 부자가 된다.

2년 뒤에 저절로 2채가 되었다면 4년 뒤에는 몇 채가 되겠는가? 저절로 굴러서 4채가 될 것이다. 갖고 있던 2채가 또 다른 2채를 새끼 쳐준 것이다. 그렇게 4채를 소유할 때까지 여러분이 투자한 돈은 처음 소형 아파트 1채를 구입할 때 들어간 1,000만 원이다. 그 1,000만 원이 4년 후에 소형 아파트 4채가 된 것이다. 어떤가? 정말 기가 막히지 않는가?

2년이 더 지나 6년째가 되면 여러분의 아파트는 8채가 될 것이다. 4채의 아파트가 새끼를 쳐서 8채가 된다는 말이다. 이렇게 8채가 될 때까지 여러분이 들어간 금액은? 1,000만 원뿐이다.

1,000만 원이 이렇게 여러 채의 소형 아파트들을 만들어줬다. 실제로는 여러분의 1,000만 원이 아니라 여러분이 갖고 있는 소형 아파트에 사는 세입자가 여러분을 부자로 만들어준 것이다. 또한 여러분의 투자 마인드, 즉 매매가 대비 전세가가 높은 소형 아파트만을 투자 대상으로 해야 한다는 그 마인드가 부자로 만들어준 것이다.

지금까지 말한 원리를 다음의 그림으로 설명해보겠다.

① 처음 투자 시 : 1,000만 원 지출

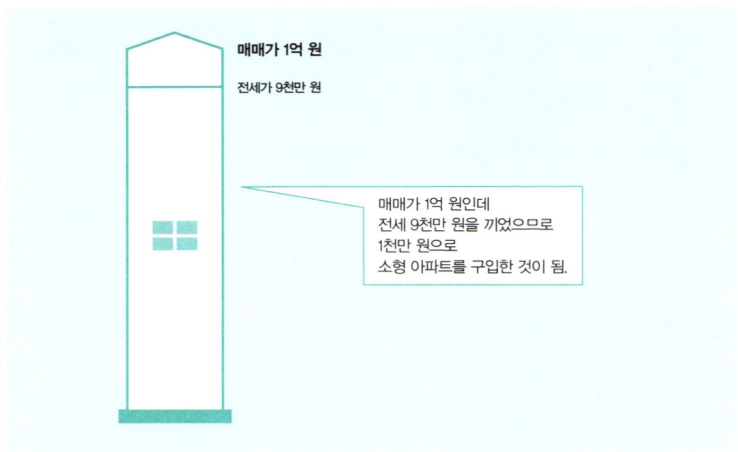

② 2년 뒤 전세 만기 시 : 1,000만 원 수입

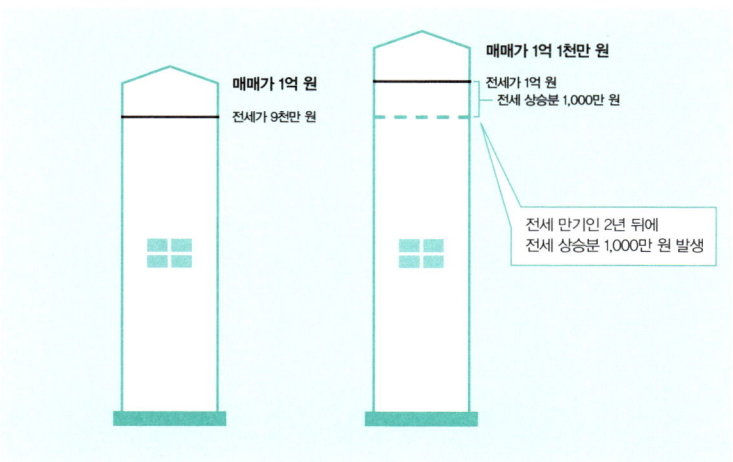

③ 2년 뒤 생긴 1,000만 원으로 소형 아파트 구입

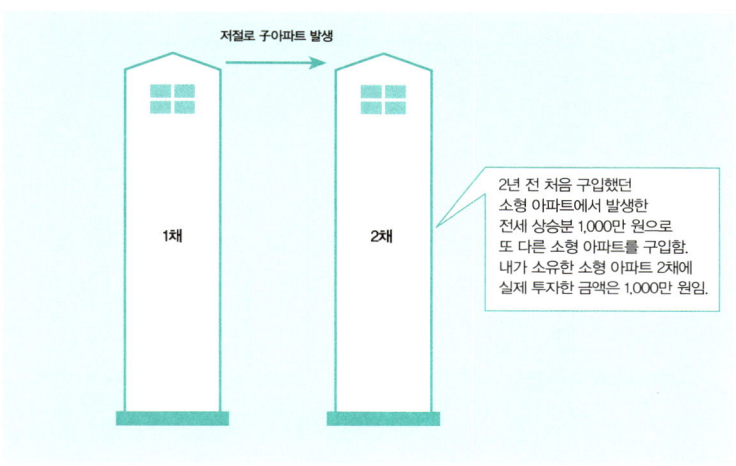

④ 4년 뒤

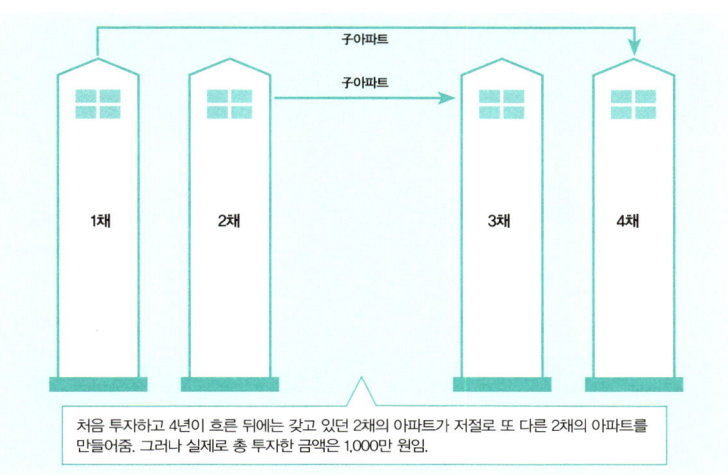

Part 04 부자가 되는 유일한 길, 갭 투자

⑤ 6년 뒤

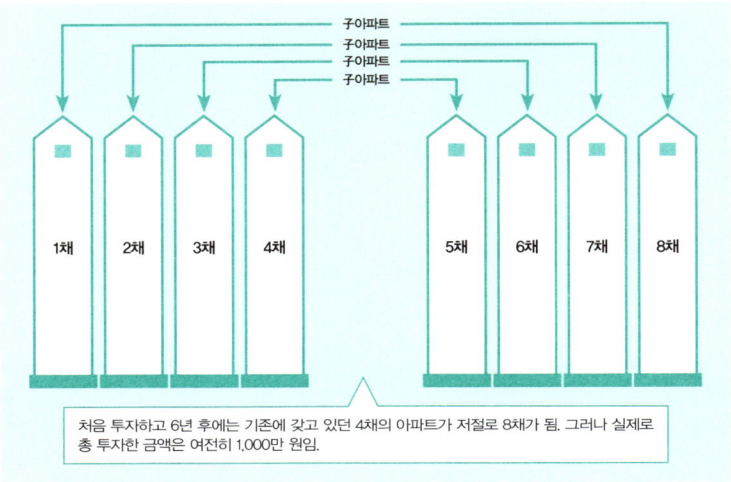

어떤가? 이제 여러분들이 부자의 길이 보이지 않는가?

04
4단계 _ 매월 60만 원이면 아파트 20채 집주인이 된다

여러분은 지금 이 책을 통해 1,000만 원을 가진 사람이라도 단시간에 부자가 될 수 있는지 알게 되었을 것이다. 이 책의 내용을 보니 어떤 생각이 드는가?

필자는 지금까지 밝힌 이 방법을 통해 거대한 부자가 되었다. 거짓말을 하는 것도 아니다. 너무나도 단순한 방법으로 부자가 될 수 있다는 사실, 여러분도 희망을 가질 수 있다는 사실, 그리고 쉽게 부자가 될 수 있다는 것을 말하고 싶을 뿐이다.

자, 그렇다면 이제 월급을 받는 직장인의 상황을 예로 들어 보자.

직장인 대부분은 1,000만 원 정도는 갖고 있을 것이다. 또한 매월 60만 원 정도는 저축할 수 있다. 그런데 이 정도의 금액을 저축하는 사람들은 큰 희망을 가질 수 없다. 60만 원을 1년 모아봐야 720만 원이고 2년을 꼬박 모아야 1,440만 원이다.

이렇게 모아봐야 손에 쥐기가 힘들다. 전세를 살고 있다면 2년마다 올려줘야 하는 전세금으로 줘야 하니 결국 집주인에게 빼앗긴다. 전세가가 너무 올라 더 이상 안 되겠다 싶어 아파트를 구입해도 아파트 구입 시 받은 대출금을 갚는 데에 정신이 없을 수밖에 없다.

우리나라와 같은 자본주의 사회에서는 이렇게 직장인이 부자 되기가 아주 힘든 구조이다. 하지만 하나만 알고 둘은 모르는 아주 순수하고 순진한 생각이다.

필자는 지금 크게 외치고 싶다. 종잣돈 1,000만 원과 매월 60만 원을 저축할 여력이 있다면 10년 안에 엄청난 부자가 될 수 있다고 말이다. 필자가 말하는 이 엄청난 부자 노하우를 다음의 그림으로 설명하고자 한다.

① 우선 투자를 시작할 때 1,000만 원 정도로 소형 아파트를 구입한다. 그리고 매월 60만 원씩 모은다.

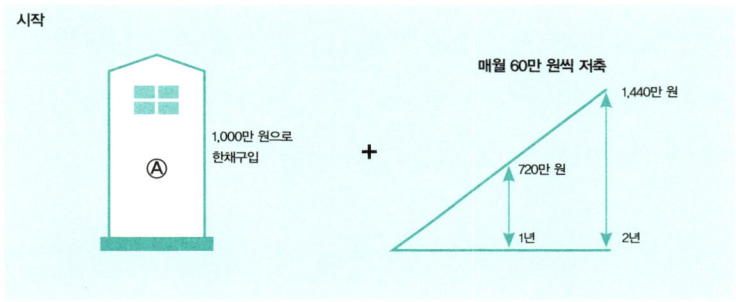

② 2년이 지나면, 2년 전에 처음 투자했던 소형 아파트에서 전세 상승분으로 1,000만 원 정도가 발생한다. 그 상승분으로 아파트 한 채를 더 구입할 수 있다. 또한 지난 2년 동안 매월 60만 원씩 돈을 모은 결과, 1,440만 원이 새로 생겼으므로 이 돈을 갖고 소형 아파트를 한 채 더 구입한다. 이렇게 되면 소유하고 있는 소형 아파트는 3채가 된다.

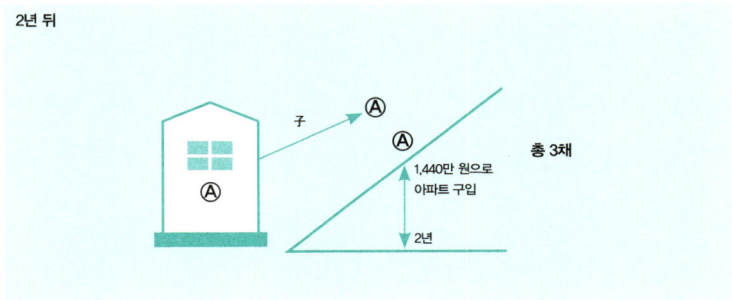

③ 4년이 지나면, 갖고 있던 소형 아파트 3채에서 전세 상승분 3,000만 원 정도가 발생한다(3채×1,000만 원). 그 상승분으로 또 다른 소형 아파트 3채를 구입할 수 있다. 또한 지난 2년 동안 매월 60만 원씩 모은 결과, 1,440만 원이 새로 생겼으므로 또 다른 소형 아파트를 구입할 수 있다. 그러면 총 7채의 소형 아파트를 소유하고 있는 것이 된다.

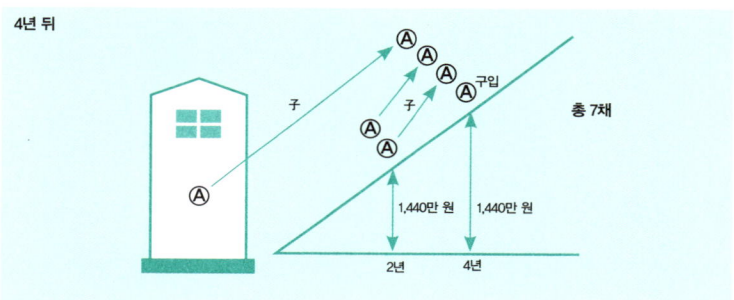

④ 6년이 지나면, 갖고 있던 소형 아파트 7채에서 전세 상승분 7,000만 원 정도가 발생한다(7채×1,000만 원). 그 상승분으로 또 다른 소형 아파트 7채를 구입할 수 있다. 또한 지난 2년 동안 매월 60만 원씩 모아 만든 1,440만원으로 소형 아파트 한 채를 더 구입할 수 있다. 그러면 총 15채의 소형 아파트를 소유하고 있는 것이 된다.

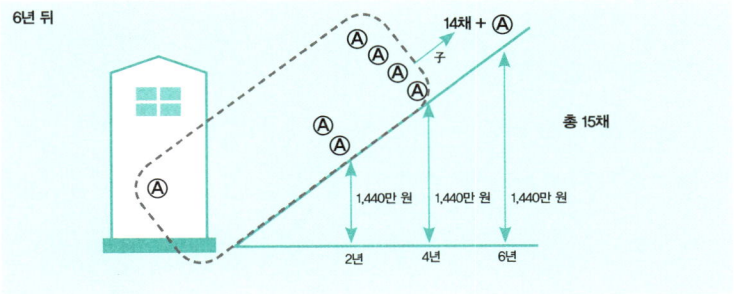

이런 방식으로 진행하면 10년 뒤에 갖게 될 소형 아파트는 몇 채가 될까? 매월 60만 원씩 모은 것을 갖고 실물자산인 소형 아파트를 구입한 것 외에는 한 것이 없다. 그런데 10년 뒤에 소형 아파트 63채를 갖게 될 수 있다는 사실이 믿겨지는가?

현실에서 사람들 대부분은 1,000만 원 정도는 갖고 있고 매월 60만 원 정도는 충분히 모을 수 있다. 그런데 이 돈으로 소형 아파트에 투자하는 사람은 거의 없다. 그저 은행에 저축하거나 펀드에 넣을 뿐이다.

만약 매월 60만 원씩 6년 동안 저축하면 원금은 4,320만 원이고 갖고 있던 1,000만 원을 합치면 총 5,320만 원이 된다. 그리고 난 후 은행에서 대출을 받아 드디어 집을 산다. 자신이 살 집을 처음으로 샀으니 얼마나 기쁘겠는가? 하지만 그 기쁨도 잠시일 뿐이다.

　대출을 받았으니 매달 대출 이자를 내야 한다. 대출을 빨리 다 갚기 위해 소비를 대부분 억제하면서 살게 된다. 그렇다면 이 대출 이자를 언제까지 갚을 수 있을까? 아마 죽을 때까지 갚아야 할 것이다. 왜냐하면 시간이 흐르면서 결혼하고 아이를 갖게 되므로 작은 아파트에서 큰 아파트로 이사를 가게 되니 당연히 대출금도 점점 늘어날 것이기 때문이다. 갚을 돈이 많아진 것이다. 게다가 식구가 더 생겼으니 생활비가 더 많이 들어갈 것이므로 대출을 갚는 시기가 점점 늦춰진다. 그래서 죽을 때까지 대출 이자를 갚다가 끝날 수 있다고 말하는 것이다.

　하지만 필자가 알려준 노하우를 따른 우리는 어떨까? 6년이 지나자 소형 아파트가 벌써 15채나 된다. 그 이후 2년이 지나면 그 15채에서 전세 상승분 1억 5,000만 원 정도가 발생한다(15채×1,000만 원). 이 상승분에 약간의 대출을 받으면 내가 살 수 있는 아파트 하나는 구입할 수 있다.

　전세 상승분 1억 5,000만 원은 내 돈이 아니다. 남의 돈이다. 게다가 내가 살 아파트를 살 때 받은 대출도 실제로 내 돈이 아니다. 즉, 내 돈 한 푼 들이지 않고 내가 살 아파트를 구입하게 된 것이다. 어떤가?

대출 이자도 내가 갚는 것인가? 아니다. 내가 갖고 있는 집에 전세로 살고 있는 사람들이 내주는 것이다. 전세 상승분 중 일부로 내가 사는 아파트의 대출 이자를 갚는 것이다. 정말 기가 막히지 않는가?

자산의 차이도 비교해보자. 15채의 아파트를 갖고 있다. 1채당 가격이 1억 원이라고 한다면 15억 원이라는 자산이 매일 나를 위해 굴러가고 있는 것이다. 그러면서 저절로 15채가 16채, 17채, 18채가 된다. 매일 나를 위해서 열심히 일하는 것이다. 소형 아파트가 나를 위해 살아 움직이면서 아파트 채수를 늘려주고 있다. 그런데도 사람들 대부분은 그저 5,320만원을 모으고 끝이다.

자산의 차이가 몇 배인가? 나는 15억 원인데 다른 사람들은 5,320만 원이다. 28배나 된다.

말이 28배이지 앞으로 시간이 지날수록 자산의 차이는 50배, 80배, 100배, 이렇게 더 크게 차이가 날 것이다. 즉, 재무지식이 있고, 없고의 차이와 부동산을 알고 모르고의 차이가 이렇게 만든 것이다. 이 차이가 내 인생이 완전히 바뀔 수 있는지, 아니면 그저 평생 은행의 대출 이자나 갚고 살아야 하는지를 결정한다.

05
5단계 _ 1억 원을 갖고 아파트 100채로 사이즈를 키워라

앞에서 설명한 내용을 바탕으로 1,000만 원으로 어떻게 부동산 부자가 될 수 있는지에 대해 이해했을 것이다. 이제 확실히 알 것이다. 단돈 1,000만 원으로도 부자가 될 수 있다는 사실을 말이다.

누구나 하고 있는 저축, 예금, 펀드로는 절대로 부자가 될 수 없다. 하지만 그동안 모은 돈으로 실물자산, 즉 소형 아파트에 투자하면 단시간에 상상하기 힘든 큰 부자가 될 수 있다. 앞에서 1,000만 원으로 시작한 결과를 이야기했는데 그렇다면 1억 원을 갖고 있다면 어떤 결과가 나올까?

요즘 사람들은 1억 원을 그리 큰돈이라고 생각하지 않는다. 주변이나 TV에서 워낙 많은 사람이 "억!", "10억!", "100

억!"이라고 하다 보니 1억 원이 그리 크다고 느끼지 못하기도 한다.

필자가 어렸을 때만 해도 '억대부자'라는 말이 있었다. 1억 원만 있어도 평생 먹고 살 수 있다는 말도 있었다. 그런데 지금은 그 1억 원을 갖고 평생 먹고 살 수 있을까? 불가능하다. 또한 시간이 흐를수록 물가는 계속 오르는 반면 돈의 가치는 계속 떨어지는 저금리 기조의 영향으로 '억대부자'라는 말의 상징성은 점점 떨어질 것이다.

요즘 많은 사람이 1억 원을 굴리는 방법에 대해 은행 PB나 증권회사에 상담을 받는 것 같다. 워낙 저금리의 시대이니 어떻게 돈을 굴려야 하는지 전문가에게 물어보는 것이다. 그런데 어디에 속한 이 전문가들은 자신이 판매해야 하는 금융상품이나 매우 안전해서 이율이 아주 낮은 상품, 물가 상승률에도 이자가 따라가지 못하는 상품들을 권하는 경우가 대부분이다. 만일 그런 상품에 가입한다면 결국 자기 돈을 가만히 앉아서 까먹고 있는 결과를 만들 뿐이다.

물가는 계속 오른다. 정부는 물가가 1~2% 정도 오른다고 발표하지만 실제 시장에서 장을 보거나 물건을 구입할 때 보면 정부의 발표만큼 물가가 올랐다고 믿는 사람은 거의 없다. 실제로 물가는 정부의 발표보다 피부에 와 닿는 상승 정도가 훨씬 높다. 그런데 그 물가 상승에도 훨씬 따라가지 못하는 그런 금융상품을 가입시키는 전문가가 정말 제대로 된 전문가라고 생각하는가? 그냥 돈 있는 사람들의 말을 듣고 전문가인 척을 하면서 자신이 다니는 금융회사의 상품을 판매하는 판매자일 뿐이다.

여러분들은 이런 전문가들에게 속으면 안 된다. 필자의 주변에도 수많은 재무설계사가 있지만 대부분 자기 이익에 따라 움직인다. 고객의 이익보다 회사가 팔라는 상품을 파는 경우가 대부분이다. 게다가 필자가 말하는 이런 부동산의 성격을 아는 사람도 거의 없으며 재무설계사들 중에서 부자인 사람도 거의 없다는 것을 알아야 한다.

다시 본론으로 돌아가 보자. 앞에서 말했던 1,000만 원으로 소형 아파트를 구입하는 방법을 1억 원으로 시작한다면 소형 아파트 10채를 살 수 있다. 이 10채가 2년 후에는 10채를 더 사게 되니 저절로 총 20채를 갖게 된다. 다시 말하지만 '저절로 20채가 된다는 것'이 중요하다. 그리고 그 20채의 소형 아파트는 또 다시 2년, 즉 처음 아파트에 투자를 시작한 지 4년이 지나는 시기에 총 40채의 소형 아파트가 된다. 그리고 또 2년이 지나는 6년째가 되면 40채의 아파트는 80채가 된다. 어떤가? 정말 놀랍지 않은가?

재테크 전문가들 대부분은 1억 원으로는 노후 준비가 턱없이 부족하며 아파트에 투자하기에도 너무 부족한 돈이라며 뭐 하나 투자하기에 어정쩡한 금액이라고 말한다. 그러면서 펀드 등의 금융상품에 가입하라고 한다. 하지만 그렇게 금융상품에 가입한다고 여러분에게 얼마나 수익을 가져다줄 것이라고 생각하는가?

하지만 여러분은 필자가 지금까지 말한 내용을 통해 그 1억 원이 단시간에 거대한 부자로 만들어주는 것을 알고 있다.

필자가 아무리 생각해봐도 이처럼 기가 막힌 재테크는 없다. 10여 년 동안 수많은 투자를 해봤지만 이처럼 명쾌하고 단시간에 부자로 만들어주는 방법을 아직까지 보지 못했다. 지금까지 설명한 내용을 다음의 그림을 통해 좀 더 자세히 설명하겠다.

① 시작

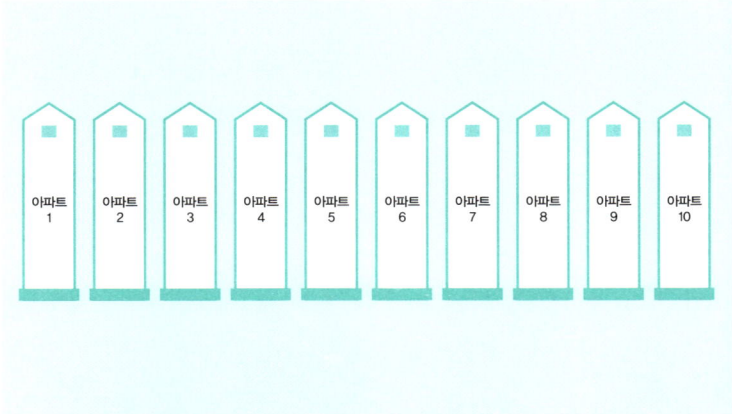

② 2년 후

③ 4년 후

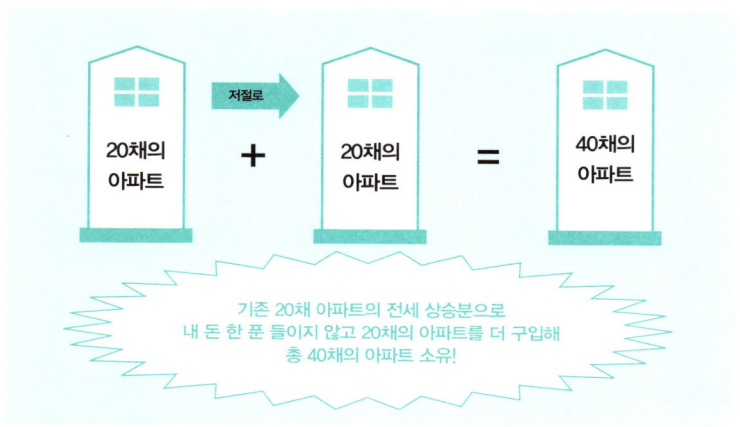

④ 6년 후

06
갭 투자의 장점

차를 공짜로 산다

남자들의 진정한 로망은 멋진 자동차와 시계라는 말이 있다. 맞는 말인 것 같다. 특별히 상품에 관심이 없는 필자도 멋진 자동차는 부러운 눈으로 보게 된다. 미팅할 때 상대방의 시계를 부럽게 쳐다본 적도 있다. 남자들 대부분의 관심거리일 것이다.

일부 남자는 갖고 싶은 자동차를 마음속에 그리면서 월급을 열심히 모은다. 그렇게 해서 원하던 차를 사면 미친 듯이 좋아한다. 아마 멋진 자동차라면 이런 과정을 거치면서 구입할 것이다. 하지만 구입할 때까지만 기분이 좋다. 문제는 그다음부터 생긴다.

지금까지 열심히 모아서 간신히 멋진 자동차를 구입했지만 그다음 달부터 자동차 할부금을 납부해야 한다. 자동차 할부금이 적지 않을 것이다. 아무래도 그렇게 바라던 자동차이니 당연히 비쌀 것이고 매월 지출해야 하는 할부금이 생활에 큰 지장을 줄 수밖에 없지 않겠는가!

요즘에는 젊은 사람들도 고급 수입자동차를 구입한다고 한다. 대부분 처음에는 이자만 내다가 3년이 지나면 이자와 원금을 같이 갚는 리스로 구입했을 것이다. 결국 3년이 지나면서 이자와 원금을 같이 갚는 것에 부담을 느껴 헐값으로 파는 경우가 많아졌다.

자동차는 처음에는 멋있지만 사고가 한 번이라도 나거나 시간이 지나면 가치와 가격이 점점 떨어진다. 사실 자동차는 자산이 아니라 부채라는 것을 아는가? 시간이 가면 갈수록 가치가 떨어지는 대표적인 부채라는 말이다. 가치가 떨어지는 그 부채를 사기 위해 그렇게 열심히 돈을 모으는 것이다. 참 어처구니가 없는 일이라고도 볼 수 있다.

이 책을 읽는 여러분에게는 이런 상황이 벌어지지 않아야 한다고 생각한다. 필자는 현재 자동차를 6대 갖고 있다. 그런데 아버지가 돌아가실 때 물려주신 EF 쏘나타를 제외한 다른

5대의 자동차는 필자의 돈으로 산 것이 하나도 없다.

이 얼마나 신기한 일인가? 5대 중에 자신의 돈으로 산 차가 하나도 없다는 것이 말이 되는가? 이제부터 자동차를 공짜로 사는 노하우를 알려주려고 한다.

중형차를 사기 위해 4,000만 원 정도를 모았다면 바로 이때 인내심이 필요하다. 바로 중형차를 사지 말고 2년만 참도록 하자. 차 대신 전세 낀 소형 아파트를 2채 사는 것이다. 그렇게 2년 후가 되면 전세가는 당연히 오를 것이다. 2채의 전세 상승분이면 4,000만 원 가까이 될 것이다. 그 상승분으로 중형차를 사라. 여러분이 갖고 있던 소형 아파트 2채가 공짜로 중형차를 사준 것이 된다.

2년을 참기 힘들다고 생각되는가? 그 2년을 참으면 참지 않았을 때보다 차이가 굉장히 크다. 2년을 참지 못하고 중형차를 사면 그다음 달부터 그 중형차의 가격은 계속 떨어진다. 5년만 지나도 처음 가격보다 50% 정도 내려가 있을 것이다. 그 중형차를 중고로 팔고 또 다른 새 차를 구입할 것이니 당연히 돈은 자동차에 계속 들어가는 꼴이 된다.

반면 인내심을 갖고 2년만 참는다면? 물가가 오르니 당연히 전세가도 오를 것이다. 전세 상승분이 거의 4,000만 원과 비슷하니 그 상승분으로 중형차를 구입하면 된다. 내 돈이 아니라 남의 돈, 즉 세입자의 돈으로 중형차를 산 것이 된다.

그렇다고 그 소형 아파트의 영향이 끝난 것도 아니다. 또 2년이 흐르면 4,000만 원을 다시 만들어준다. 그 4,000만 원으로 사고 싶은 것을 또 사면 된다. 그리고 또 2년이 흐르면 다시 4,000만 원을 만들어서 준다. 여러분이 늙어 죽을 때까지 소형 아파트는 현금을 계속 만들어주는 것이다.

같은 4,000만 원이라도 재무지식이 있는 사람과 없는 사람 간의 차이가 이렇게 큰 결과를 만든다. 같은 돈을 갖고 있어도 이 재무지식의 차이가 인생에 큰 영향을 미친다는 것을 알아야 한다.

다시 한 번 물어보자. 정말 갖고 싶은 자동차를 열심히 모은 돈으로 사고 싶은가? 아니면 공짜로 사고 싶은가?

한 번 사면 가격이 떨어지는 자동차를 열심히 돈을 모아서 그렇게도 사고 싶은가? 차라리 여러분이 죽을 때까지 끊임없이 호주머니에 현금을 만들어주는 은행 같은 자산을 갖고 싶지 않은가?

답은 너무나도 명확할 것이다. 돈이 생기면 소형 아파트를 사라. 그 소형 아파트는 여러분에게 자동차 등 여러분이 갖고 싶은 선물을 계속 사줄 것이다. 이 얼마나 행복한 일인가?

자녀들의 교육비도 걱정 없다

자녀들의 교육비 때문에 허리가 휜다는 부모가 한둘이 아니다. 실제로 교육비 지출이 엄청 나다.

회사에 나가 열심히 일해서 번 월급이 교육비로 거의 다 나가니 남는 게 얼마나 되겠는가? 이런 상황이니 여가생활은 커녕 저축할 여력도 되지 않는다. 그렇다고 교육을 시키지 않을 수도 없지 않는가?

이렇게 막대한 교육비를 해결할 수 있는 방법은 바로 부모들이 조금이라도 젊었을 때 소액이라도 소형 아파트에 투자하는 것이다. 수도권에 소형 아파트를 5채에서 10채 정도 갖고 있으면 제아무리 자녀들이 별의별 학원을 다닌다고 해도, 비싼 사교육을 받는다고 해도 모두 해결할 수 있다.

부모가 수도권에 2억 원 이상의 소형 아파트를 높은 전세를 끼고 구입했다면 (물가 상승률을 감안했을 때) 2년마다 2,000만 원 정도씩 오른다고 볼 수 있다. 5채를 갖고 있다면 2년마다 1억 원의 전세 상승분이 발생하는 것이다(1채×2,000만 원). 2년마다 1억 원이니 1년이면 5,000만 원이다. 이 정도라면 자녀들 교육비로 충분하다. 대학 수업료도 매년 1인당 1,000만 원 정도 든다고 하는데 이것도 소형 아파트가 다 해결해주니 얼마나 다행이고 행복한 일인가?

남들은 자녀 교육비 때문에 걱정이 태산이고 고생만 하지만 소형 아파트에 미리 투자한 당신은 그런 걱정에서 완전히 벗어날 수 있으니 정말 기가 막힌 대안인 것이다.

자녀의 교육비는 열심히 일만 해서 번 돈으로 감당이 되지 않는다. 하지만 미리 투자한 소형 아파트는 자녀의 교육비를 그것도 남(세입자)의 돈으로 완전히 해결해준다.

부자들은 절대 자기 돈이 아닌 오직 남의 돈으로 모든 것을 해결한다는 사실을 기억하자.

내가 거주할 아파트도 남이 사준다

요즘은 아파트 가격이 너무 비싸서 쉽게 구입하기가 어렵다. 서울의 강남은 말할 것도 없고 강북에서도 4억 원이 넘는 24평형 아파트가 허다하다. 말이 4억이지 4억은 결코 적은 돈이 아니다.

매월 100만 원을 모으는 것이 현실에서 매우 어렵지만 100만 원씩 모은다고 해보자. 1년이면 1,200만 원, 10년이면 1억 2,000만 원이 된다. 4억 원을 모으려면 적어도 30년 이상 걸린다는 계산이 나온다. 대출을 받아서 산다고 해도 시간은 상당히 걸린다. 아파트 가격이라도 가만히 있으면 좋으련만 시간이 지나면 가격은 오르게 되어 있다. 그러니 아파트 구입은 정말 어려운 일이다. 하는 수 없이 계속 전세나 월세로 살면서 힘들어하는 것이다. 또한 집 없는 서러움까지 느낀다. 정녕 살 아파트 때문에 힘들고 어려울 수밖에 없다는 말인가? 아니다. 여기 명쾌한 답이 있다.

뒤에서 좀 더 자세히 설명하겠지만 신혼부부를 상대로 컨설팅을 할 경우, 전세보다 대출을 최대한 받아서 집을 구입하라고 한다. 그렇게 구입하고 남은 돈으로 소형 아파트에 투자하라고 권유한다. 그렇게 소형 아파트를 구입해놓으면 대출 이자는 투자한 소형 아파트가 알아서 갚아준다. 또한 소형 아파트는 저절로 그 수가 증가해 10채, 20채 금방 된다. 소형 아파트가 이처럼 증가하면 나중에 좀 더 넓은 집으로 이사 가고 싶을 때 어떠한 걱정이 없게 만들어준다. 갖고 있는 그 많은 소형 아파트가 여러분이 살 아파트를 사주기 때문이다.

만약 지금 전세로 살고 있다면 전세자금 대출을 받거나 과감하게 월세로 살아라. 그리고 남은 목돈으로 소형 아파트를 사고 월급을 꾸준하게 모아 소형 아파트 구입에 집중하라. 그렇게 6년 정도가 지나면 여러분이 거주할 아파트를 너무 쉽게 구입할 수 있게 된다.

사람들은 서울에서 아파트를 구입하는 것은 꿈일 뿐이라고 말한다. 그러면서 직장은 서울에 있지만 비싼 집값 때문에 수도권으로 이사를 가고 매일 긴 출퇴근에 시달린다. 출퇴근이 3시간 정도만 되면 다행이라고 한다. 이렇게 시간을 거리에서 허비하면 삶의 질은 많이 떨어진다. 가족과 함께할 시간이 턱없이 부족하게 되면 매일 피곤에 찌들면서 살 뿐이다. 이게 과연 인간의 제대로 된 삶인가?

이러기 위해 태어난 것이 아니다. 주거비에 막대한 돈을 들여야 하는 바람에 돈 한 번 제대로 쓰지 못하는 삶을 살아서는 안 된다는 것을 말하고 싶다.

집을 늦게 사더라도 먼저 소형 아파트에 투자해야 한다. 물론 소형 아파트라고 해서 무조건 투자하면 안 된다. 필자가 말하는 특수한 조건에 맞는 소형 아파트에 투자해야 한다. 그리고 그 수를 열심히 늘려야 한다. 소형 아파트가 20채 이상만 되면 여러분이 살 아파트를 구입할 때 아무런 걱정을 하지 않아도 된다. 이 얼마나 행복한 일인가? 남들은 구입하고 싶어도 그렇게 하지 못해 힘들어 하거나 막상 구입해도 매월 대출 이자를 감당하지 못하는 것에 비하면 말이다. 그런 어려움에서 완전히 해결될 수 있으니 정말 하늘이 준 복이라고도 할 수 있다.

소형 아파트는 여러분에게 경제적 자유를 주는 거대한 힘을 갖고 있다. 아직 경험하지 못해서 그렇지, 만약 경험만 하게 되면 그때 느낄 환희는 상상 그 이상이 될 것이다.

남들이 주는 돈으로 맘껏 쓰고 살아라

보통 가정에서 가장이 월급을 받으면 먼저 자녀들 교육비 관련해서 지출한 다음, 공과금과 대출 이자에 대해 지출한다. 그리고 남은 돈으로 생활에 필요한 것을 쓴다. 사실 그렇게 되면 생활비로 얼마 쓰지 못한다. 옷 한 벌 사고 싶어도 부담이 된다. 항상 마트에서 좀 더 저렴한 물건을 고를 수밖에 없다. 갑자기 가족 중에 아픈 사람이라도 생기면 지출이 더 늘어나니 경제적으로 무척 힘들어지게 된다. 사람이 돈을 지배하는 것이 아니라 돈이 사람을 지배하는 상황이 발생하게 된다.

미래에 행복하게 살고 싶어서 학교 다닐 때 매우 열심히 공부를 했다. 어려운 경제상황에서 취직하려고 매우 열심히 노력했고, 사랑하는 사람과 결혼하고 아이를 낳으면서 얼마나 많이 기뻐했는가? 그런데 그렇게 열심히 살고 기뻐했던 여러분의 삶이 가면 갈수록 팍팍해지고 어려워지고 있지 않은가?

여러분이 바랐던 삶이 지금 삶은 결코 아닐 것이다.

이 책을 보는 여러분이라면 이렇게 살면 안 된다. 항상 여유 있고 풍족한 삶을 누리면서 행복하게 살아야 한다. 그러므로 차근차근 돈을 모으거나 대출을 받아 소형 아파트부터 구입해야 한다. 그렇게 소형 아파트가 10채가 될 때까지 열심히 아끼면서 산다. 10채가 될 때까지는 어쩔 수가 없다. 하지만 10채 이상이 되면 앞에서 말했듯이 소형 아파트가 여러분의 자녀 교육비, 자동차, (누가 아프면) 병원비 등을 모두 다 해결해준다. 갑자기 큰돈이 드는 일이 생겨도 소형 아파트가 다 해결해주니 매우 든든한 버팀목이 되어 줄 것이다.

이처럼 소형 아파트가 삶에 필요한 부분을 대부분 해결해줘서 경제적인 걱정을 하지 않아도 되게 만든다면 매달 받는 월급으로는 뭘 하면 좋을까? 저축만 하지 말고 평소 사고 싶었던 것을 사든지, 아니면 지금까지 하지 못했던 취미생활을 열심히 한다. 그동안 넉넉하지 못한 생활을 지냈다면 이후로는 풍족하고 여유로운 삶을 사는 것이다.

사람은 돈에 얽매이고 소심하게 살라고 태어나지 않았다. 항상 여유롭고 풍족한 삶을 살라고 태어났다고 생각한다. 다만 그렇게 되는 방법을 지금까지 몰라서 계속 힘들게 산 것뿐이다. 그렇게 계속 살다 보니 그게 당연한 삶으로 받아들여진 것이다.

이제부터 그런 삶은 과감히 벗어버려야 한다. 당신의 삶은 당신이 주인이며 그 주인인 당신이 삶을 아름답게 만들어야 한다. 그러기 위해서는 최단 시간에 소형 아파트를 많이 가지고 있어야 한다. 그것이 여러분에게 최대한 빨리 여유롭게 살 수 있는 비결이다.

다시 말하지만 소형 아파트의 수가 일정 수준에 이르면 월급은 다 쓰고 살아라. 과소비를 하든, 먹고 싶었던 것을 마구 먹거나 사고 싶었던 것을 풍족히 사도 된다. 떠나고 싶을 때 훌쩍 떠나도 좋다. 평소 살고 싶었던 대로 살면 되는 것이다. 이러한 삶은 소형 아파트가 여러분에게 주는 선물이다.

부모님에게 소형 아파트를

부모님은 우리를 낳아주시고 키워주시고 교육을 시켜주셨을 뿐만 아니라 결혼까지 시켜주신 세상에 하나밖에 없는 고마운 존재다. 그러한 부모님에게 잘 하고 싶은 마음은 모든 자식에게 다 있다.

하지만 현실에서는 그렇게 하지 못하고 있다. 경제적으로 어려우니 부모님에게 잘 해드리고 싶어도 여건이 허락하지 않고, 부모님들도 자녀들의 힘든 상황을 알고 있으니 부담을 주기 싫어서 부탁이나 요청을 하지 않고 있다.

필자는 컨설팅을 하다가 상담을 받는 사람들의 부모님에게 돈이 있다면 그 돈으로 소형 아파트를 사도록 제안한다. 부모님들 대부분 은행에만 넣을 생각을 하지만 이자가 요즘 같은 저금리 시대에 과연 얼마나 되겠는가? 쥐꼬리만한 이자가 부모님에게 무슨 도움이 되겠는가?

어느 정도 목돈이 있다면 부모님 명의로 소형 아파트를 살 수 있게 하거나 사드려야 한다. 2년마다 한 번씩 전세 상승분으로 수천만 원이 생길 것이므로 부모님에게 큰 도움이 될 것이다. 그렇게 큰돈이 생기면 부모님이 굳이 자식들의 상황을 볼 필요도 없다. 생활비는 당연히 해결되고 그동안 하고 싶었지만 못했던 것을 마음껏 하며 사실 수 있다.

다시 한 번 말하지만 그저 은행에 저축만 하는 부모님이라면 크게 불어나지 않으니 아끼고 또 아끼면서 사셔야 한다. 그렇게 해도 결국 원금은 줄을 수밖에 없다. 당연히 생활수준도 급격히 떨어지니 취미생활은 언감생심이다. 자식들이나 손자들이 와도 용돈 한 번 제대로 주기 힘들다. 자기 코가 석 자인데 누구를 챙겨줄 수 있겠는가? 그러다 보면 자식들도 부모를 대할 때 시큰둥해지고 손자들도 할아버지, 할머니를 좋아하기 힘들다. 즉, 경제적으로 여유가 없으면 관계도 멀어질 수밖에 없게 된다. 하지만 소형 아파트를 갖고 있으면 현금이 계속 들어오니 좀 더 여유롭게 살면서 자식들이나 손자들에게 베풀 수 있다.

어떤가? 똑같은 목돈이 있는데 어떤 부모는 경제적으로 항상 힘든 반면, 또 다른 부모는 자식 덕에 산 소형 아파트에서 나오는 수입으로 여유롭게 살고 있다.

이렇게 재무지식이 있는 사람의 삶은 그렇지 않은 사람들보다 언제나 여유롭고 풍족하며 가족 간에 화목한 확률이 높다는 것을 알아야 한다.

나이 드신 부모님들이 연금을 가입하거나 저축만 하시게 하지 말고 소형 아파트 한 채라도 구입할 수 있게 해야 한다. 그게 바로 효도이자 가족의 화목을 만드는 최고의 방법이다.

홀어머니가 갖고 있는 수천만 원으로 소형 아파트와 소형 오피스텔을 산 필자의 회원이 있었다. 처음에는 그렇게 투자했다가 다 없어지는 것 아니냐, 은행에 돈을 넣는 것이 최고라면서 많이 반대하셨다고 한다. 그래도 이 회원은 오직 필자의 말만 믿었다. 필자가 컨설팅을 해줘 소형 아파트와 소형 오피스텔을 구입한 것이다.

이후 결과는 어떻게 상상이 되는가? 어머니가 자식(필자의 회원)에게 사과했다고 한다. 자식의 투자가 아니었으면 이렇게 여유롭게 살 수 없었을 것이라면서 말이다.

나이는 많고 모아놓은 돈이 별로 없는 어머니에 대한 걱정이 많았던 아들은 이제 그 걱정을 많이 덜었다. 예전보다 더 밝아진 어머니의 모습이 좋다고 한다.

여러분이 부모님을 진심으로 사랑한다면 부모님의 돈으로 소형 아파트를 사드리자. 가족 모두 행복해진다.

07
여러분도 거대한 부자가 될 수 있다

앞에서 설명한 소형 아파트 매매가와 전세가의 갭 투자를 통해 부자가 되는 노하우를 읽어보면서 어떤 생각이 드는가? 그저 황당하고 현실에는 존재하지 않을 것으로 생각하는가? 아니면 정말 이런 원리라면 나도 큰 부자가 될 수 있다고 생각하는가?

필자가 이 책을 통해 독자 여러분에게 말하고 싶은 것이 있다. 바로 앞에서 말한 쉬운 방법으로 거대한 부자가 될 수 있으니 믿고 따라야 한다는 것이다. 그렇게 생각하고 믿으라고 필자가 이렇게 책을 쓴 것이다.

필자는 현재 300여 채의 아파트를 갖고 있다. 지금까지 설명한 방법으로 이렇게 많은 아파트를 갖고 있게 된 것이다.

필자가 어렸을 때 한 부자가 다음과 같은 말을 했다.

"부자들은 자기 돈을 갖고 부자가 되는 것이 아니라 바로 남의 돈을 이용해서 부자가 되는 것이다."

당시에는 필자가 너무 어렸고 돈에 대해 워낙 무지하며 오직 공부를 잘한 사람만이 부자가 된다는 바보 같은 생각을 해서 그 말을 들었을 때 말도 안 된다고 생각했다.

부모를 잘 만나야 부자가 된다는 사람도 있다. 정말로 그럴까? 필자는 그 말에 절대로 동의하지 않는다. 부모가 아무리 부자라고 해도 자식들에게 아무런 재무지식이 없으면 단시간에 막대한 재산을 날릴 것이 뻔하고 심하면 사기를 당하거나 보증을 잘못서서 평생을 후회 속에서 살게 된다. 그저 부모만 잘 만난다고 부자가 되지 않는다.

부자가 되려면 진정 여러분이 돈의 성격을 알아야 하고 물가가 계속 오를 수밖에 없다는 것을 알아야 한다. 또한 우리 같은 일반 사람들이라면 부동산에 투자하지 않고서는 절대 부자가 될 수 없다는 것을 알아야 하고, 내 돈이 아닌 남의 돈을 이용해야만 하루 빨리 부자가 될 수 있다는 것을 알아야 한다.

여기서 '남의 돈'은 아파트 전세금과 은행 대출을 의미한다. 많은 사람이 은행 대출을 극도로 꺼리고 무서워하지만 부자들은 대출을 이용해 급속도로 돈을 늘린다는 것을 알아야 한다.

또한 이 사실을 그저 지식으로만 알고 있지 않고 바로 행동으로 옮겨서 직접 경험하고 느껴봐야 한다. 그래야만 남들보다 더 빨리 배우고 더 빨리 부자가 되는 것이다.

부자로 살 것인가? 아니면 가난한 자로 살 것인가? 그것은 남이 아닌 바로 여러분 당신의 선택과 몫이다. 부자로 살지 못하는 것에 대해 남을 탓하거나 환경을 탓하는 것은 지극히 못난 행동이다. 여러분이 바로 여러분 인생의 주인이고 프런티어(Frontier)로서 살아가야 한다.

그저 자본주의의 노예로만 살 것인가? 남이 주는 떡만 받아먹는 사람으로 살 것인가? 그저 회사생활에만 만족해 살고 주변의 부자들을 보면서 부러워하고만 살 것인가? 언제까지 돈에 얽매여 살고 싶은가? 한 번뿐인 인생인데 돈에 얽매이고 자본주의의 노예로 사는 것보다 풍요롭고 여유롭고 시간과 경제의 자유를 가진 부자로 살고 싶지 않은가?

필자의 이러한 의견에 부정적인 사람도 있을 것이다. 그런 사람은 그렇게 살면 된다. 하지만 필자의 의견을 믿고 따르면서 긍정적으로 보는 사람들은 부자가 될 확률이 아주 높다. 이 책의 노하우를 그저 믿고 행동으로 옮겨라. 그러면 많은 것을 보고 느낄 것이다. 또한 여러분이 기존의 모습과 크게 달라지고 있음을 점점 깨닫게 될 것이다. 어떤 때에는 여러분이 거대한 부자가 되고 있다는 사실에 깜짝 놀라 잠에서 깰 때도 있을 것이며 심장이 두근거리기도 할 것이다. 필자가 예전에 소형 아파트를 모으는 과정에서 그랬기 때문에 여러분들이 가슴속 깊은 곳에서부터 느낄 그 희열과 전율이 어떨지 잘 알고 있다.

이제 여러분의 선택이 남아있다. 거대한 부자로 살 것인지, 아니면 보통 사람으로 살 것인지의 선택은 여러분의 손에 달려 있다.

Part
05

현장에 필요한
갭 투자의 실전 방법

"

앞 장에서 소형 아파트를 활용한 갭 투자를 통해 부자 되는 원리에 대해 설명했다. 그 원리를 보고 놀란 독자가 많으리라 생각된다. 필자도 그 원리를 통해 부자가 되어 알고 있다. 그 원리의 파괴력이 실로 대단하다는 것을 말이다.

하지만 원리만을 말하면 실전에서 어떻게 적용해야 하는지 모르는 독자가 많다. 이번 장에서는 현장에서 반드시 알아야 하는 구체적인 실전 방법을 설명하고자 한다.

"

01 갭 투자의 목적 파악하기

갭 투자를 통해 소형 아파트를 구입하려는 목적은 사람마다 다 다를 것이다. 다 다르더라도 소형 아파트에 투자할 때 반드시 세워야 하는 목적이 있다.

첫 번째, '무한수익'의 발생이다. 소형 아파트를 대상으로 한 갭 투자의 가장 큰 장점은 바로 '무한 수익'이다. '무한 수익'이란 내 돈이 투자되지 않았지만 수익은 계속 발생하는 것을 말한다.

예를 들어, 1억 원짜리 아파트를 전세 9,000만 원을 끼고 샀다고 해보자. 전세금을 빼면 1,000만 원 정도 투자해서 아파트를 산 것이 된다. 2년이 지나 이 아파트의 전세가가 1억 원이 되면 전세 상승분 1,000만 원이 호주머니로 들어오게 된다.

처음에 1,000만 원이 들어서 아파트를 샀지만 2년 뒤에 전세 상승분 1,000만 원이 들어왔으니 결과적으로 돈 한 푼 들이지 않고 이 아파트의 주인이 된 것이다.

그 이후부터는 호주머니로 들어오는 수익은 무한 수익이 된다. 돈 한 푼 들어가지 않은 상태에다 전세가 계속 상승하면서 알아서 수익이 생기게 만들어주므로 당연히 무한 수익이 된다고 볼 수 있다. 지금부터라도 이런 보물과 같은 소형 아파트를 찾아야 한다.

아직도 사람들 대부분은 미래의 발전이나 호재를 보면서 나중에 해당 지역의 아파트가 오를 것을 예상하고 투자한다. 하지만 필자가 말하는 갭 투자에서는 미래의 발전과 호재를 예상해서 투자한다는 것은 상당히 위험한 방법이다. 필자도 이런 투자를 해서 실패를 많이 봤고 지금 같은 저성장의 시대에서는 이미 생명력이 끝난 투자 방법이다.

두 번째, 투자 이익의 극대화다. 갭 투자는 이익이 그 어느 투자수단보다 높다. 솔직히 그 이익이라는 것은 여러분이 상상하지 못할 정도로 엄청나다. 필자도 초창기 소형 아파트 투자 시에는 그 소형 아파트에서 나오는 엄청난 수익에 놀랄 때가 한두 번이 아니었다. 무슨 활화산 같다고나 할까? 바로 이러한 엄청난 수익을 얻기 위해서는 매매가 대비 전세가 비율이 월등히 높은 소형 아파트에 집중해야 한다.

매매가 대비 전세가 비율이 그리 높지 않은 소형 아파트는 이후에도 전세가의 상승 속도가 그리 빠르지 않을 것이다. 전세가의 상승이 크지 못하다면 수요나 인기가 별로 없음을 의미하므로 이후 수익이 그리 크지 않다고 보면 된다. 미래의 발전가치가 높다고 하면서 지방의 소형 아파트를 사라고 하거나 서울 또는 수도권에 새로 생기는 '○○지구'이므로 투자하라는 말에 현혹되면 안 된다.

이제는 '○○지구'라고 해도 예전보다 크게 발전하기 힘들며 어떻게 발전할지 아무도 모르기 때문에 추후 문제가 될 소지가 많다. 또한 이런 지역에 지어지는 소형 아파트는 처음부터 가격이 비싸기 때문에 피하는 것이 좋다. 당연히 높은 투자이익을 기대하기 힘들다.

이러한 이유로 인해 매매가 대비 전세가의 비율이 아주 높은 소형 아파트만 찾아야 한다. 신규로 분양하는 아파트보다 이미 지어진 아파트 중에서 매매가 대비 전세가가 아주 높은 소형 아파트를 찾아야 하는 것이다. 전세가 비율이 높으면 그만큼 인기와 수요가 워낙 많다는 것이므로 앞으로도 매매가와 전세가가 다른 아파트에 비해 훨씬 많이 오른다. 여러분은 바로 이러한 아파트에 투자해야 한다.

가끔 갭 투자를 권유하는 온라인 카페를 보면, 처음에 매매가와 전세가의 차이가 작거나 그 갭(차이)이 2,000~3,000만 원 정도 되는 아파트를 무조건 산 다음에 아파트 가격이 오르면 바로 팔라고 한다. 하지만 필자는 그 방법을 권하지 않는다.

가격이 올랐다고 바로 팔면 수익은 그때 한 번밖에 발생하지 않는다. 차라리 계속 보유하면 죽을 때까지 전세가의 상승분을 수익으로 계속 가질 수 있다. 이것이야말로 투자 이익의 극대화다. 아울러 매매가가 크게 오르는 것은 투자에 있어 신이 준 또 하나의 선물이라고 생각하면 된다.

세 번째, 분산 투자에 비중을 둬야 한다. 소형 아파트에 투자할 때 어느 한 지역에만 집중하는 방법은 좋지 않다. 소형 아파트의 경우 서울에서 가격이 오르면 그다음은 수도권, 그다음은 지방의 순으로 오른다. 어느 한 지역에서만 계속 오르는 것이 아니다.

3~4년 전만 해도 지방의 아파트가 서울, 수도권보다 훨씬 크게 올라 모두를 놀라게 한 적이 있었다. 지방의 아파트에 많이 투자했던 필자마저 지방에서도 매매가와 전세가가 이렇게 크게 오를 수 있다는 사실에 놀랐으니 말이다. 당시에는 서울, 수도권의 아파트가 거의 오를 기미를 보이지 않고 있었다. 그러다가 1~2년이 지나자 상승의 흐름이 서울, 수도권으로 넘

어와 매매가와 전세가 상승에 대해 연일 신문 등의 뉴스에 나올 정도였다.

　이렇게 부동산은 흐름이 있기 때문에 소형 아파트를 수도권에서만 구입하거나 지방에서만 구입하는 것은 좋지 않다. 지역별로 안배해서 소형 아파트를 투자해야 한다.

　이제 이 3가지의 목적을 기본으로 해서 여러분의 인생을 180도 바꿔줄 소형 아파트를 고르는 방법을 알아보자.

02
목적에 맞는 소형 아파트 고르기

　우선 아주 큰 전국 지도를 하나 구입한다. 그 전국 지도를 봐야 시각이 넓어지고 어느 지역이 큰 산업단지를 갖고 있는지 정확히 판별할 수 있기 때문이다. 추가로 서울시 지도와 수도권 지도도 갖고 있으면 좋다.

　서울의 경우 어느 지역이라도 사람들의 수요와 인기가 끊임없이 지속적이므로 지역에 대한 고민을 할 필요는 없다. 서울 안에만 있으면 투자 대상이 되지 못할 지역은 없기 때문이다. 수도권의 경우에는 서울과 거리가 너무 먼 지역은 제외해야 한다. 서울과 거리가 너무 멀면 그만큼 수요가 적을 수밖에 없다. 그래도 서울 인근이면서 서울에 진입하는 교통이 좋다면 검색대상으로 삼아도 좋다. 여기에 큰 산업단지까지 포함하고 있다면 금상첨화다. 수도권 중 산업단지가 있는 지역은 무조건 투자 대상으로 봐도 된다. 보물 중의 보물일 수 있다. 또한 수도권에서는 큰 산업단지 외에 거대한 직장 군을 가진 지역도 투자대상으로 아주 적합하다.

지방의 경우에는 반드시 거대한 산업단지를 갖고 있는 지역만 찾아야 한다. 산업단지가 없다면 절대로 투자해서는 안 된다. 수도권에서는 산업단지가 없어도 서울과의 접근성이 좋으면 괜찮지만 지방은 오직 산업단지의 유무(有無)가 매우 중요하다. 다시 한 번 강조하지만 지방에 투자하려면 무조건 거대한 산업단지가 있는 지역에 투자한다.

이러한 상황을 염두에 두고 전국 지도를 보면서 선택할 지역을 먼저 찾아라. 그리고 그 지역의 소형 아파트를 인터넷을 통해 검색한다. 요즘은 인터넷이 워낙 발달되어 있어 부동산을 검색할 때 큰 어려움이 없다. 네이버나 다음(에서 제공하는 부동산)뿐만 아니라 부동산 114, 닥터 아파트 등 부동산을 전문으로 하는 사이트도 많기 때문에 초보자도 안방에서 쉽게 부동산 정보를 볼 수 있다.

검색한 다음, 소형 아파트의 매매가와 전세가 차이를 확인한다. 뒤에서 말한 '아파트 검색 시 유의사항'에 부합하는 아파트 중에서 '매매가와 전세가의 차이 85% 이상'이라면 보물일 확률이 아주 높다.

　모니터에서 확인했다면 시간이 날 때나 주말에 그 지역에 있는 부동산을 가본다. 인터넷에 나온 아파트 가격과 실제 현장에서의 아파트 가격 간에 분명 차이가 존재하니 그 부분을 확인할 겸 현장 조사를 하는 것이다.

　그렇게 부동산을 보려고 많이 돌아다니면 당연히 부동산 보는 시각이 길러지면서 점점 아파트들이 예전과 다르게 보일 것이다.

03
아파트 검색 시 유의사항

아파트를 검색할 때 다음의 사항에 대해 유의한다. 매우 중요한 내용이니 하나라도 놓치지 않기를 바란다.

1. 절대로 고가의 소형 아파트는 구입하지 않는다.

우리가 투자하는 소형 아파트는 서민이 부담 없이 쉽게 전세로 들어와서 살 수 있는 아파트를 말한다. 하지만 서울에는 20평형이라도 5~6억 원이 넘는 아파트가 많다. 이런 아파트에는 절대로 투자하면 안 된다. 이렇게 비싼 아파트는 수요층이 얇고 이후 가격의 조정 가능성이 높다.

2. 1억 원 이하의 소형 아파트는 구입하지 않는다.

고가의 소형 아파트처럼 1억 원 이하의 소형 아파트도 사지 않는 것이 좋다. 1억 원 이하의 소형 아파트에 거주하는 사람들은 함부로 사용하는 경향이 많아서 집 상태가 엉망이 된다. 그러면 집주인이 아파트를 관리하기가 아주 어려워진다.

하지만 수도권의 소형 오피스텔 중 필자가 말하는 투자조건에만 맞는다면 1억 원 이하라고 해도 괜찮다. 소형 오피스텔은 가족이 다 사는 경우보다 직장 근처에 살려고 혼자 집에서 나온 직장인의 경우가 많아 집주인과 갈등을 빚거나 엉망으로 사용하지 않는다.

3. 무조건 매매가 대비 전세가의 비율이 85% 이상이어야 한다.

필자는 모든 소형 아파트가 좋다고 말하는 것이 아니다. 분명히 말하지만 전세가의 비율이 매매가 대비 85% 이상이어야 투자의 대상이 된다. 그 이하의 소형 아파트는 쳐다보지 말자.

4. 전세가가 단시간에 급하게 오른 아파트는 피한다.

필자는 서울에 필자의 명의로 된 소형 아파트를 갖고 싶었다. 사실 필자뿐만 아니라 모든 아파트 투자자라면 같은 마음일 것이다. 그런데 필자의 이 욕심이 또 하나의 투자 실패사례를 낳고 말았다.

2년 전, 서울의 한 지역 주변에 재개발이 시작되면서 갑자기 전세 수요가 급증해지는 바람에 매매가와 전세가의 차이가 극히 작아진 소형 아파트를 구입한 적이 있었다. 기회라 생각하고 무조건 투자를 했다. 당시에는 서울에 소형 아파트를 구입하게 된 사실이 얼마나 기뻤는지 모른다.

그런데 이 소형 아파트에 전세를 살던 사람이 갑자기 지방으로 발령이 나는 바람에 전세로 들어온 지 5개월 만에 나가게 되었다. 필자는 별문제가 없을 것이라고 생각했다. 하지만 현실은 달랐다.

주변 지역의 재개발로 인한 전세의 수요는 이제 거의 없었고 그로 인해 전세가가 2,000만 원이나 떨어졌다. 즉, 투자를 한 지 5개월이 지났을 뿐인데 2,000만 원을 손해 보면서 새로운 세입자를 구하게 된 것이다.

필자는 이 사례를 통해 전세가가 단시간에 크게 오른 아파트는 다시 한 번 깊게 생각해야 한다는 것을 깨달았다. 그리고 매매가와 전세가가 수년 동안 같이 꾸준하게 오른 아파트가 좋은 아파트라는 것을 다시 알게 되었다.

아파트를 검색할 때는 꼭 전세가 상승 추이를 잘 살펴봐야 한다. 그리고 나서 전세가가 오랜 시간 동안 완만하면서 꾸준하게 오른 아파트를 투자의 대상으로 삼아야 한다.

5. 수도권에 투자한다면 시내 중심지에 투자한다.

수도권에 전세가 비율이 아주 높은 물건이 있다면 좋은 투자대상이라고 볼 수 있다. 만일 지방의 소형 아파트와 수도권의 소형 아파트의 금액이 비슷하다면 당연히 수도권의 소형 아파트에 투자하는 것이 맞다.

수도권에 투자할 때에는 해당 도시의 중심에 투자하는 것이 좋다. 도시의 중심에 있다면, 교통이 좋을 것이며 학원 및 상가가 많을 것이다. 이외에도 인프라가 충분히 구축되어 있으므로 시간이 지나도 해당 지역의 소형 아파트 인기와 수요는 끊임없이 높을 것이다. 반대로 수도권에서 시 외곽지역의 소형 아파트 투자는 그리 권하고 싶지 않다.

6. 지방의 소형 아파트를 사기 전에 또 다른 아파트 공급 계획이 있는지를 확인한다.

서울과 수도권은 이미 어느 정도 아파트 공급이 크게 이뤄졌기 때문에 추가로 공급한다고 해도 그 규모가 그리 크지 않아 신경을 쓸 일이 거의 없다. 반면 지방은 여전히 아파트를 지을 땅이 많다. 그래서 지방의 소형 아파트에 투자하려면 그

전에 확인할 것이 있다. 바로 내가 사려는 아파트 주변의 아파트 공급 유무다.

 필자의 예를 하나 들겠다. 6여 년 전, 대전에서 아파트를 구입한 적이 있었다. 매매가와 전세가의 차이가 적은 아파트를 구입하게 되어 당시에는 매우 기뻤다. 대전이라는 대도시에 이런 아파트가 아직 있다는 사실에 놀라기까지 했다. 하지만 이때 필자가 간과한 부분이 있었다. 바로 대전의 아파트 공급 계획이었다.

 당시 대전에 도안 신도시가 조성되면서 막대한 아파트 공급이 예정되어 있었다. 아무리 인기가 많고 수요층이 많은 소형 아파트라도 몇 만 세대가 새로 공급된다면 매매가와 전세가는 휘청거린다.

 이렇게 휘청대도 소형 아파트니까 다시 힘을 낼 것으로 생각했다. 하지만 그것도 잠시였을 뿐이다. 세종시라는 폭탄 규모의 아파트 공급이 기다리고 있었다. 3년 전부터 세종시에는 상상하기 힘들 정도로 엄청난 아파트 공급이 이뤄졌고 지금도 많이 계획되어 있다.

 두 번에 걸친 대규모 공급은 중대형, 소형 가릴 것 없이 대전 전체에 냉각기를 갖게 만들었다. 지금도 대전의 아파트 매매가 및 전세가 상승률이 최하위에 머물고 있다. 필자는 대전에서 진행한 투자로 인해 소형 아파트는 무조건 안전하다는 맹신을 버렸다. 실제로 필자가 대전에 투자한 아파트는 수년간 전세 상승이 거의 없다. 오히려 전세를 살고 있는 사람이 갑자기 나가겠다고 하면 어떻게 새로 전세 세입자를 구할지 걱정이 크다.

대전뿐만 아니라 다른 지방도 마찬가지다. 아파트 공급의 유무에 따라 매매가와 전세가가 조정을 쉽게 받을 가능성이 높다. 소형 아파트에 투자하는 이유가 꾸준하게 안정적인 수익을 얻기 위한 것이지 수년 동안 수익도 얻지 못한 채 기다리기 위한 것은 아니지 않은가?

7. 산업단지가 없는 지방의 아파트는 무조건 피한다.

항상 강조하지만 지방에 투자할 때는 무조건 거대한 산업단지가 있어야 한다. 그런 산업단지가 있어야 끊임없이 수요가 창출되며 상가나 학원 등이 계속 활기를 띠기 때문이다.

반대로 산업단지가 없으면 인구의 유입은 거의 없고 젊은 사람들은 점점 더 줄어든다. 당연히 도시에 활력이 없어지고 소형 아파트라도 그 인기가 계속 이어지기 힘들다.

8. 대단지여야 한다.

적어도 700~800세대 이상인 아파트를 선택해야 한다. 1,000세대 이상이면 더욱 좋다. 주변에 또 다른 대단지 아파트들이 즐비하다면 더욱 좋다.

대단지라면 교통이 좋고 학원도 많다. 또한 주변에 상가도 많다. 당연히 사람들이 살기에 좋은 환경이 된다. 반면 아파트 세대가 적고 동 수가 적다면 매매가와 전세가의 차이가 작아도 절대 투자하면 안 된다.

필자가 초보 투자자였을 때 소형 아파트 투자 관련 온라인 카페를 통해 소형 아파트에 투자한 적이 있었다. 매매가와 전세가의 차이가 작아서 필자는 지체 없이 구입했다. 그런데 세대 수가 겨우 200~300세대 정도에 불과했다.

온라인 카페에서는 아주 좋은 아파트라고 필자에게 광고를 했고 필자도 전적으로 믿었다. 그래서 처음에는 기분이 매우 좋았다. 하지만 그때 산 아파트들은 10여 년이 지난 지금까지도 매매가와 전세가가 거의 오르지 않고 있다. 계속 오르는 물가와 다르게 계속 오르지 않고 있어 필자의 마음을 정말 아프게 하는 그런 존재들이다.

투자에 있어 크게 실패했다고 할 수 있다. 매매가는 별로 떨어지지 않았으니 실패한 것은 아니지 않느냐고 반문할 수 있겠지만 10년이나 지나는 사이 물가는 엄청나게 올랐는데도 불구하고 매매가나 전세가가 거의 한 푼도 오르지 않았다면 손해를 본 것과 같다.

   필자가 갖고 있는 300여 채의 아파트 중에 이렇게 가격이 오르지 않은 아파트는 정말 드물다. 그때 온라인 카페에서 이 아파트를 무슨 근거로 아주 좋다고 소개해줬는지 지금도 이해가 되지 않는다. 하지만 문제는 그 온라인 카페가 아니라 필자가 아니겠는가? 아파트를 제대로 볼 줄 아는 실력을 가지지도 못했고 또한 모든 사람이 다 필자처럼 착하다고 생각한 것이 문제 아니겠는가?

04
세금을 줄이는 노하우

　예전에는 아파트를 구입하면 세금이 많아 부담스러웠다. 아파트를 2채 이상 구입하면 매매가의 4%에 가까운 세금을 취득세로 내야 했다. 간혹 부동산 경기를 부흥시키기 위해 취득세를 2%로 낮춘 적이 있지만 그래도 취득세에 대한 부담은 적지 않았다.

　지금은 아파트를 1채를 구입해도, 50채를 구입해도 취득세가 모두 1%다. 필자가 볼 때는 정말 저렴한 금액이다. 예전에는 2억 원의 아파트를 구입하면 취득세로 800만 원 이상을 내야 했지만 지금은 200만 원만 내면 되기 때문이다. 이 얼마나 저렴한가?

　1채만 구입하는 사람들의 경우에는 몇 백만 원을 아끼는 정도에 끝나지만 필자와 같은 전문 투자자의 경우라면 수천만 원에서 수억 원의 취득세를 예전보다 아낄 수 있게 된다.

아파트를 구입한 이후에는 재산세와 종합부동산세가 나온다. 1억 원짜리 아파트라면 재산세는 매년 10만 원 정도 나오므로 큰 부담은 아니지만 종합부동산세는 상당히 큰 부담이 된다. 개인별로 구입한 아파트의 기준시가가 6억 원을 넘으면 종합부동산세가 부과되는데 필자와 같은 전문 투자자에게는 부담스럽게 작용한다.

아파트를 20채 정도 갖고 있는 필자의 회원이 있다. 종합부동산세가 700만 원 정도 나온다고 한다. 앞으로 아파트 수를 더 늘리면 종합부동산세는 1,000만 원을 넘어 2,000만 원, 3,000만 원이 될 것이다.

또한 나중에 아파트를 팔면 양도소득세도 내야 한다. 양도소득세의 금액도 만만치 않다. 여러분이 예상하는 것보다 세금이 훨씬 많다. 그렇다면 우리는 어떻게 해야 하겠는가?

이런 세금에 대한 부담을 한 번에 해결하는 방법이 있다. 바로 주택임대사업자로 등록하는 것이다(2장에서 이 부분에 대해 설명을 했는데 이번 5장의 내용과 관련해서 추가할 부분을 중심으로 설명하려고 한다).

주택임대사업자로 등록하면 새로 분양하는 아파트가 아닐

경우 취득세는 혜택받을 수 없지만 재산세는 25~50%의 감면 혜택을 받으며 종합부동산세는 아예 내지 않는다. 양도소득세도 일반적인 사람들이 매도할 때 내는 것보다 적게 낸다.

　예전에는 소유하고 있는 아파트가 5채 이상이어야만 주택임대사업자로 등록할 수 있었다. 지금은 1채 이상만 남에게 빌려줘도 주택임대사업자로 등록할 수 있다.

　등록하는 방법도 아주 쉽다. 처음 아파트를 구입한 매매계약서를 가지고 관할 구청 또는 시청 주택과에 가서 주택임대사업자로 등록하면 된다. 1주일 정도 지나면 나오는 주택임대사업자등록증을 갖고 관할 세무서 민원실에 가서 주택임대사업자로 신고하면 앞에서 말한 세금의 모든 혜택을 받을 수 있다. 이게 끝이다. 이 얼마나 간단한가?

　요즘은 아파트를 구입할 경우 예전처럼 취득세가 많이 나오지도 않는다. 주택임대사업자로 등록하면 보유세인 재산세와 종합부동산세에 대해 아예 걱정하지 않아도 된다. 또한 양도소득세도 평소보다 훨씬 적게 낼 수 있다. 이 정도면 세금에 대한 걱정은 하지 않아도 될 것이다. 더 이상 세금에 대해 걱정하지 않아도 되니 마음껏 아파트 수를 늘리기만 하면 된다. 정말로 소형 아파트를 투자하기에 좋은 세상이 아닌가?

필자가 소형 아파트에 처음 투자할 때에는 이러한 세금의 절세에 대한 내용을 알려준 사람이 한 명도 없었다. 그래서 초반에는 실수도 많이 하고 손해도 많이 봤다. 하지만 독자 여러분은 필자의 경험이 담긴 이 책을 통해 실수할 일이 없을 것이다. 그만큼 여러분은 마음 놓고 소형 아파트에 집중적으로 투자하면 된다. 그리고 부자가 되는 기쁨을 누려라.

Part

06

상황에 맞는
투자의 기술

"

사람에게는 현재의 상황이 중요하다. 이번 장에서는 우리가 처할 수 있는 상황을 제시하면서 그 상황에 맞는 투자의 기술을 알려주고자 한다. 이 장에서 든 사례는 현재 우리가 살고 있는 가정 대부분의 상황이 포함될 것이다.

"

01
신혼부부에게 필요한 선택

이제 막 결혼을 한 신혼부부는 보통 전세로 시작하는 경우가 많다. 월세는 매월 줘야 한다는 부담감 때문에 전세를 선호할 수밖에 없을 것이다. 월세까지 내면 지출이 너무 크기 때문이다.

그렇다고 전세로 살아봤자 전세를 통해 얻는 수입이 없으며 2년마다 오르는 전세금 때문에 저축이 힘들다. 살고 있는 지역의 전세가 너무 많이 오르면 좀 더 싼 다른 지역으로 전세를 알아보러 다니는 전세 유랑자가 될 확률이 매우 높다.

전세로 살아도 매월 월세를 내지 않아 좋을지 모르겠지만 시간이 지날수록 오르는 전세금 때문에 생활도 점점 힘들어진다는 것을 알아야 한다. 그렇다면 신혼부부는 앞으로 어떻게 해야 하는가? 2가지의 경우가 있다.

첫 번째, 부모님이 전세금을 지원해주는 경우를 생각해보자. 지원해준 돈과 대출을 받아 매매가와 전세가의 차이가 많지 않은 소형 아파트를 사라.

부모님에게 3억 원을 지원받을 수 있는 신혼부부가 있다고 해보자. 마침 그 신혼부부가 살고 싶은 아파트의 매매가가 4억 원이다. 그렇다면 차라리 전세보다 대출을 받아 사는 것이 낫다. 대신 살 때 모자란 1억 원만 대출받지 말고 2억 5,000만 원 정도를 대출받는다.

부모님에게 지원을 받은 3억 원과 대출금 중 1억 원을 합쳐 그 아파트를 사고 남은 1억 5,000만 원으로 소형 아파트를 구입한다. 1억 5,000만 원으로는 전세 끼고 지방에서는 10채 정도, 수도권에서는 6채 정도 구입할 수 있다. 이렇게 소형 아파트를 구입한다면 어떤 결과가 나타날까?

내 집이므로 전세금이 2년마다 오르는 바람에 받는 스트레스에서 해방할 수 있다. 그동안 열심히 저축한 돈을 2년마다 오르는 전세금에 써야 하는 악순환에서 벗어날 수 있는 것이다.

물론 대출을 받았기 때문에 이자를 내야 하는 고통이 있다. 2억 5,000만 원을 대출받았으니 (대출 이자율을 3.5%로 가정하면) 1년에 825만 원, 2년이면 1,650만 원의 이자를 내야 한다.

어떻게 보면 이자가 꽤 많다고 볼 수 있다. 하지만 이 대출 이자를 걱정스럽게 본다면 아직 아마추어라고밖에 볼 수 없다.

1억 5,000만 원으로 구입한 소형 아파트가 6~10채가 있지 않은가? 2년 후에 아무리 보수적으로 전세가가 오른다고 해도 1채당 1,000만 원씩의 상승분이 발생한다. 6~10채이므로 모두 합치면 6,000만 원에서 1억 2,000만 원 정도가 오른 것이 된다. 그러니 앞에서 말한 대출 이자를 다 내고도 수천만 원에서 1억 원 정도가 남는다.

대출 이자를 갚고 남은 돈으로 또 다른 소형 아파트를 살 수 있다. 수도권이라면 4~5채의 소형 아파트를, 지방이라면 8~9채 정도를 전세 끼고 살 수 있는 것이다.

어떤가? 똑같은 3억 원을 갖고 누구는 전세에 살면서 2년마다 계속 힘든 생활을 하는 반면, 재무지식이 있는 누구는 평생 아파트 걱정, 돈 걱정을 할 필요 없이 안락하고 여유 있는 생활을 할 수 있다는 것이 신기하지 않은가?

두 번째, 전세금이 되기에 부족한 1억 원 정도뿐이라고 해보자. 그렇다면 보증금 2,000만 원에 월세 80만 원 정도인 아파트에 살아라.

분명 월세 80만 원이 아깝다고 생각하는 사람들이 대부분일 것이다. 하지만 보증금 2,000만 원을 내고 남은 8,000만 원이 있다. 그 8,000만 원을 갖고 소형 아파트를 구입하자. 전세를 끼고 수도권에서는 3~4채, 지방에서는 6채 정도 구입할 수 있다.

그렇게 구입한 다음, 2년 정도 참자. 전세 상승분이 2년 후에 발생하기 때문이다. 처음 2년 동안 내는 월세는 어쩔 수 없다고 생각하자. 그 대신 2년 후부터는 소유하고 있는 아파트의 전세가가 상승할 것이기 때문에 이제부터 월세는 전세 상승분으로 대신 낼 수 있게 된다. 2년 후부터는 월세 걱정을 할 필요가 없는 것이다.

또한 월세를 내고 남은 돈으로 수도권에서 소형 아파트를 3채 정도 살 수 있게 된다. 그러면 소유하고 있는 소형 아파트의 수가 6~7채로 늘어날 것이다. 그렇게 2년마다 소형 아파트의 수를 늘린다면 6년만 지나도 소형 아파트의 수는 20채 가까이 될 수 있다. 놀랍지 않은가? 가만히 있는데 월세가 해결이 되고 소유한 소형 아파트가 20채 이상이 된다는 것이 말이다.

소형 아파트가 20채 이상이 되면 거기에서 나오는 전세 상승분으로 살고 싶은 아파트를 구입하면 된다. 구입하고 싶은 아파트를 내 돈은 일부만 들어가고 대부분은 남(세입자)의 돈으로 구입하는 것이다.

다시 말하지만 여러분이 소유해서 임대해주는 아파트 수십 채도 남의 돈으로, 여러분이 살고 싶은 아파트도 남의 돈으로 구입할 수 있다는 것을 잊지 말라. 이게 바로 부자들의 마인드다. 보통 사람은 그렇게도 잘 모르는 부자 마인드! 또한 이것이야말로 자본주의다. 자본주의는 그저 돈을 열심히 모아봤자 잘 산다고 보지 않는다. 오히려 돈을 열심히 모으고 버는 자세보다 재무지식, 부동산 지식을 더 중요하게 본다. 그러한 지식이 여러분을 거대한 부자로 만들어주기 때문이다. 이런 지식이 없다면 평생 돈의 노예로 살 가능성이 높다.

의사, 변호사, 회계사 등 '사'라는 글자로 끝나는 직업을 가진 사람이 아직도 부자로 살 것 같은가? 천만의 말씀이다. 의사, 변호사 등의 수입에 대해 정부가 세금으로 많이 거두기 때문에 요즘 일을 더 많이 하려고만 한다. 하지만 그렇게 일을 많이 하면 할수록, 그렇게 돈을 많이 벌면 벌수록 몸과 마음이 지쳐 피폐해질 뿐이다. 여러분도 이렇게 되고 싶은가?

이제는 이런 직업을 가진 사람들이 부자가 되는 것이 아니라 머릿속에 있는 돈에 대한 지식을 행동으로 옮기는 사람이 바로 부자가 되는 시대다.

결혼해서 신혼생활을 시작할 때부터 잘 해야 한다. 그 '시작'이 여러분을 부자로 만들기도 하고 가난한 사람으로 만들기도 한다.

02
대출을 받은 가정

 아파트를 갖고 있다면 대부분 은행에서 담보대출을 받고 있다. 요즘처럼 집값이 높은 시기에는 대출 없이 자기 돈만으로 아파트를 사기 힘들기 때문이다.
 이런 상황인 부부들과 상담을 해보면 대출 이자를 내는 것이 너무 아까워서 쓸 것 안 쓰며 열심히 모으기에 바쁘다. 대출을 빨리 갚으려고 눈에 불을 킨 것이다. 그렇게 미친 듯이 대출만 갚으려고 노력한다. 저축은 생각할 여유가 없다. 어떻게 해서든 하루라도 빨리 갚아 대출의 굴레에서 벗어나려고만 한다.
 이게 옳은 방법이라고 생각하는가? 이렇게 대출을 빨리 갚으면 별로 도움이 되는 일이 없다. 오히려 대출을 해준 은행에 너무나도 좋은 일이다.

은행이 미친 듯이 좋아한다는 것을 아는가? 빨리 대출을 갚으면 은행은 그 돈으로 다른 사람들에게 또 다른 대출을 할 수 있으니 더 많은 이익을 얻게 되기 때문이다.

물가 상승, 즉 인플레이션을 고려하면 대출금을 빨리 갚는 것보다 최대한 천천히 갚는 게 더 큰 이익이다. 대출 이자는 인플레이션 상승률보다 낮기 때문이다. 그렇다면 대출을 받은 경우 어떻게 해야 할까?

지금 살고 있는 아파트가 5억 원인데 대출이 2억 5,000만 원이라고 해보자. 2억 5,000만 원의 대출을 5년 또는 10년 안에 다 갚으려고 다른 모든 것을 다 포기하고 여기에만 집중해야 할까? 하지만 그것은 바보 같은 행동이다. 여기에도 해결 방안은 있다.

바로 대출을 더 받는 것이다. 대출을 더 받으라고? 지금까지 대출을 빨리 갚기 위해서만 목숨을 걸었는데 대출을 더 받으라니…. 사람 죽으라는 이야기와 같다고 생각할 수도 있겠다. 하지만 지금까지 필자가 말한 방법이 있지 않은가. 대출을 1억 원 더 받아서 소형 아파트를 사는 것이다. 1억 원이면 전세를 끼고 수도권에서는 3~4채, 지방에서는 7~8채 정도 살 수 있다.

Part 06 상황에 맞는 투자의 기술

물론 이렇게 되면 대출 이자에 대한 부담이 너무 크다고 할 수 있다. 이 부담을 해결하는 방법도 이다. 바로 대출상환기간을 최대한 늘리는 것이다. 대출 갚는 기간을 10년이 아니라 30년 또는 35년으로 늘리는 것으로 은행과의 계약을 바꾸거나 진행하라.

이렇게 대출상환기간을 늘리면 그 기간 동안 갚아야 하는 총 이자가 훨씬 늘어난다고 하는 사람도 있을 것이다. 숫자로 보면 당연하다. 하지만 물가 상승과 비교해보면 오히려 오랫동안 이자를 내는 것이 더 이익이다.

여기서 문제를 하나 내겠다. 10년 동안 이자로 1,000만 원을 내는 게 이익일까? 아니면 30년 동안 이자로 1,700만 원을 갚는 게 이익일까? 지금 짜장면 한 그릇 가격이 5,000원 정도지만 30년 전에는 500원 정도였다는 말로 대답을 대신 하려고 한다.

대출 3억 5,000만 원(2억 5,000만 원+1억 원)을 10년 동안 갚는다면 원리금으로 매월 346만 원 정도 갚아야 한다(대출 이율 3.5% 가정, 원리금균등상환 기준). 하지만 30년 동안 갚는다면 매월 157만 원 정도 내면 된다. 그러면 매월 190만 원 정도의 여유가 생긴다. 그 190만 원을 1년 동안 모아서 1년에 1채씩 수도권의 소형 아파트를 사는 것이다.

추가로 대출받은 1억 원으로 수도권의 소형 아파트 3~4채를 이미 샀기 때문에 2년 후에 발생하는 전세 상승분으로 대출 이자를 다 해결할 수 있다. 대출 이자를 내고도 남은 돈이 있으므로 또 다른 소형 아파트를 살 수 있다.

이러한 방법을 모르는 사람이 너무 많다. 대출 이자를 다 내면서 (대출 이자를 내고) 남은 돈으로 2년마다 소형 아파트 2~3채를 계속 살 수 있으며 게다가 매월 190만 원씩 모아 또 다른 소형 아파트를 수도권에서 1년마다 1채 정도 살 수 있는 방법을 말이다.

10년 정도 지나면 대출을 더 받아 임대로 놓을 소형 아파트를 몇 채 가질 수 있을까? 25채 이상은 가질 수 있을 것이다. 매우 놀라운 결과다.

그래도 대출을 더 받기 싫은 사람이 있을 것이다. 그렇다면 대출상환기간이라도 늘려라. 앞에서 말한 것처럼 대출상환기간이 10년이라면 30년이나 35년으로 늘린다. 그래서 원리금이 줄어든 만큼 생기는 여유자금을 모아 소형 아파트를 구입한다. 그렇게 구입한 소형 아파트에서 나오는 전세 상승분으로 대출 이자는 더 이상 걱정하지 않아도 된다. 10년 후에는 10채 정도 생기는 재산 증식의 효과까지 기대할 수 있다.

똑같은 아파트의 대출을 갖고 어떤 가정은 대출을 갚느라

허리가 휘는 반면, 어떤 가정은 대출을 활용한 투자로 대출 이자는 아예 걱정도 하지 않으면서 소유하고 있는 소형 아파트가 늘어난다. 참으로 엄청난 차이라고밖에 할 수 없다.

 부자들은 대출을 매우 좋아한다. 그리고 그 대출을 절대로 빨리 갚지 않는다. 대출은 더 큰 부자로 만들어주는 기폭제라는 것을 이미 알고 있어서 최대한 활용하기 위해서다.

주식 아니면 저축만 하는 맞벌이 부부

맞벌이 부부가 그렇지 않은 부부보다 필자의 투자 원리를 통해 좀 더 빠르고 쉽게 부자가 될 가능성이 높다. 맞벌이로 버는 수입이 그렇지 않은 부부보다 훨씬 많기 때문에 소형 아파트의 수를 더 빨리 늘릴 수 있기 때문이다.

그런데 가능성이 높은데도 맞벌이 부부일수록 필자의 말에 귀를 기울이지 않고 오직 뉴스나 신문의 부정적인 부동산 기사만을 믿는다. 그래서 부동산 투자를 멀리한다.

필자가 강의를 할 때 아무리 설명해도 잘 들으려고 하지 않는다. 특히 학력수준이 높을수록 이런 부정적인 반응을 보이는 맞벌이 부부가 많다.

여기 A 부부가 있다. 남편은 주식에만, 부인은 저축에만 관심이 많다. 남편은 오직 주식만이 인생을 바꿔주는 단 하나의 방법이라고 맹신하면서 회사에 있을 때에도 계속 주식 투자를 한다. 부인은 남편의 주식 투자에 반대하지만 남편이 워낙 완강해서 더 이상 반대는 하지 않는 대신 안전성을 찾겠다는 생각에 저축만 하고 있다.

이 A 부부의 상황을 제대로 들여다보자. 독자 여러분들 중에 개인이 주식으로 부자가 된 사람을 본 적이 있는가? 있다면 한 번 말해주길 바란다. 필자는 지금까지 살면서 주식으로 돈을 벌었다는 사람을 본 적이 없다. 오히려 주식 때문에 큰 손해를 보거나 패가망신했다는 사람만 많이 봤다.

예전에 아주 유명한 펀드 매니저와 친해진 적이 있었다. 그 펀드 매니저가 돈을 벌 수 있다면서 추천해준 주식에 투자를 했다. 하지만 결국 반 토막이 나면서 큰 손해만 입었다. 주식은 아무리 유명한 펀드 매니저라고 해도 잘 모르는 것이다. 주식은 신도 모른다는 말도 있지 않는가?

그리고 여러분은 지금도 은행이 안전하다고 생각하는가? 실제로 저축을 하면 원금은 보장되니 안전하다고 여기는 사람이 많다. 1980년대 후반만 해도 은행에 저축하면 이자가 15~20% 정도였다. 이 시기에는 저축이 당연히 재테크의 0순위라고 볼 수 있다. 저축만큼 좋은 재테크 수단이 어디에 있겠는가? 하지만 지금은 금리가 2%대다. 2%대라도 이자가 나오니 다행이지 않느냐고 할 수 있다. 그런데 고려할 사항이 있다. 바로 '물가 상승률'이다. 물가는 실제로 매년 4% 정도씩 오른다. 매년 이 정도로 물가가 오르는데 은행 이자 2%가 과연 이득일까? 당연히 손해다. 은행에 돈을 넣는다면 물가 상승률에 비해 2% 정도씩 손해를 보는 것이 된다. 은행만을 이용해 돈을 모은다고 해도 물가가 오르는 속도는 절대 따라잡을 수 없다. 이렇게 고객은 손해를 보고 있지만 은행은 그 사실을 알면서도 절대 이야기하지 않고 있다. 내 돈이 은행에서 얼마나 불어나는 것이 중요한 게 아니라 물가 상승 속도에 비해 얼마나 오르느냐가 중요하다.

주식 투자를 한다면, 은행에 넣기만 한다면 지금 증권회사에, 은행에 당하고 있는 것이다. 그것도 두 눈 뻔히 뜨고서 말이다. 제발 주식이나 저축은 하지 마라. 결코 돈을 모을 수 없다. 절대로 부자가 될 수 없다.

돈을 모으면 실물에 투자해라. 특히 실물 중에서도 전세비율이 높은 소형 아파트에 투자해라.

A 부부는 필자의 상담을 받은 후에도 소형 아파트에 투자하지 않았다. 여전히 주식 투자나 은행만 이용하고 있다. 필자가 다른 회원처럼 A 부부의 인생을 180도 바꾸고 싶어도 본인의

생각에 변화가 없다면 그 어떤 것도 할 수 없다.

A 부부처럼 사는 맞벌이 부부가 매우 많다. 오직 뉴스와 신문만을 신봉하는 고학력의 맞벌이 부부 말이다. 이러한 맞벌이 부부는 자신의 기준이 높아서 전문가의 말은 잘 들으려고 하지 않는다.

필자는 가끔 이런 분들을 보면 드는 생각이 있다. 이런 분들이 투자의 기회를 잡지 못해 필자 같은 사람이 대신 기회를 잡아 거대한 부자가 된 것일 수 있다는 생각을 말이다. 그래서 가끔은 안쓰럽게 보이기도 하고 가끔은 감사하게 보이기도 한다.

제발 필자가 부탁하는데 주식 투자는 하지 마라. 은행 저축도 하지 마라. 오히려 그것이 여러분들을 더욱 가난하게 만들 수 있다.

지금은 아끼고 아껴서 부자가 되는 시대가 아니다. 1980년대~1990년대에는 아끼는 것이 통했을지 몰라도 지금은 절대로 통할 수가 없다.

맞벌이 부부라면 돈을 모으는 대로 소형 아파트에 투자해야 한다. 또한 기회가 되면 대출을 최대한 많이 받아서 소형 아파트를 구입해야 한다.

대출받는 것이 무섭다고? 부동산 가격이 떨어진다는 뉴스가 계속 나오는 마당에 소형 아파트를 사면 안 되는 것 같다고? 그러면 절대로 부자가 될 수 없다.

  오히려 남들이 모두 무서워하거나 주저할 때 기회가 있는 것이다. 다른 사람들이 움츠리고 있을 때 부자들은 좋은 물건을 마구 산다. 그래서 부자들은 위기를 더 좋아하고 그 위기를 통해 더 큰 부자가 되는 것이다. 제발 주식 투자는 절대로 하지 말고 저축은 멀리 하자. 이제 투자의 시대다.

04
고가의 아파트에 살고 있는 중년 부부

필자의 회원 중에 서울 강남에 있는 고가의 아파트에 살고 계신 부부가 있다. 남편은 대기업에 다니고 부인은 전업주부다. 자녀 2명이 좋은 대학교에 다니고 있어 이제 좋은 직장에만 취직하면 더 이상 걱정은 없다고 한다. 그동안 자녀들이 말썽 한 번 피우지 않고 모범적으로 자라서인지 자녀에 대한 자부심이 강하셨는데 나름 부럽다는 생각이 들었다.

이 분들과 상담을 해보니, 남편의 적지 않은 월급으로 자녀 2명에 대한 대학 학자금을 충당하고 있었고 나머지로 생활비, 연금, 저축 등을 하고 있었다. 거의 월급을 다 쓰는 구조였다. 신기하게도 지금 살고 아파트가 10억 원이 넘는데 대출이 하나도 없었다. 대출 하나 없이 강남의 아파트에 사는 것이 어디 쉬운 일인가?

이 분들도 대출 하나 없이 강남에 아파트를 장만했다는 사실에 스스로 대단하다고 생각하시는 것 같았다. 물론 처음에 구입할 때는 7억 원대 후반이었고 10년 정도 지난 지금에서야 10억 원 정도 된 것이지만 그래도 7억 원을 대출 하나 없이 샀다니 정말 대단한 것이다.

그런데 상담을 하면서 앞으로 큰 문제가 있음을 알게 되었다. 대기업에 다니는 남편이 5~6년 정도 지나면 퇴직을 해야 한다는 것이다. 수입의 거의 대부분을 차지하는 월급이 사라지는 것이다. 현재 갖고 있는 현금은 1억 원~2억 원 정도뿐이라 이것 갖고 딱히 할 수 있는 것을 찾지 못해 고민 중이셨다. 그렇다고 50대 중반부터 시작될 퇴직 이후의 삶에 어떻게 대처해야 할지도 모르고 계셨다.

자녀가 졸업하고 취직을 하면 지금 살고 있는 집을 팔아서 작은 평수로 이사한 다음, 남은 몇 억 원으로 연금에 가입하면 어떠냐고 필자에게 물었다. 다른 재무설계사를 만났는데 그렇게 해서 연금에 가입하라고 말했다는 것이다.

물론 나쁜 생각은 아니다. 하지만 이 분들은 서울을 떠나고 싶어 하지 않았다. 만일 서울을 떠나야 한다면 지금까지 살던 강남에서 멀지 않은 곳으로 가고 싶어 하셨다. 그동안 살

아온 생활방식이 있으니 강남과 멀지 않아야 하고 아파트 평수도 30평대 이하는 안 되는 상황이다. 어떤 해결책을 드려야 하는 것일까?

10억 원짜리 아파트를 팔아 좀 더 작은 5억 원짜리 아파트로 이사를 간 다음, 남은 5억 원을 연금상품에 넣어 매월 연금 받는 구조를 만들 수 있을 것이다. 보통 재무설계사들은 이러한 방법으로 노후를 준비하라고 강조한다.

하지만 지금과 같은 저금리시대에 5억 원을 연금에 넣어도 이 분들의 기대치를 충족할 가능성이 매우 적다. 게다가 시간이 갈수록 물가는 계속 오르는데 연금만으로는 이 물가의 상승을 따라가기 힘들다.

필자는 이 큰돈을 연금에 넣는 것에 대해 반대했다. 살고 있는 아파트를 매매하시는 것은 잘 하셨다는 말씀을 드리면서 대신 남은 돈을 갖고 수도권에 소형 아파트를 전세 끼고 20채 이상 구입할 수 있으니 그렇게 해서 노후를 준비하는 것이 좋다고 제안을 드렸다. 소형 아파트 투자로 매년 수억 원이 생기는 수입 구조를 만들면 연금보다 몇 배에서 수십 배 더 벌 수 있기 때문이다.

필자의 제안에 귀를 기울이실 줄 알았는데 오해였다. 부동산 투자에 대해 설명할수록 계속 두려워하고 계시는 것 같았다. 요즘 TV나 신문에서 부동산의 위험성에 대한 기사가 계속 나오니 당연히 아파트 전성시대는 끝이 난 것 같다면서 필자의 제안보다 금융상품에 대해서만 관심을 가지셨다. 물론 노후 준비로 금융상품에 가입하는 것은 나쁘지 않다. 하지만 노후를 금융상품에만 의지해서는 안 된다.

임대용 부동산을 통해 매년 또는 매월 현금이 주머니로 들어오는 체계를 만들어야 한다고 누차 강조를 해도 계속 귀를 닫는 것 같았다.

우리가 투자하려는 소형 아파트는 전세의 상승이 목적이지 가격의 오르내림이 아니다. 그런데 사람들 대부분은 아파트의 가격만을 기준으로 해서 투자의 대상으로 삼는다. 오직 아파트의 가격이 올라야만 한다고 생각한다. 참 희한하다. 그래서인지 몰라도 부동산 투자에 대해 아무리 강조해도 소용이 없는 경우가 대부분이다.

필자가 계속 말하는 것은 임대를 놓으려는 소형 아파트의 전세 상승분으로 수익을 얻는 구조다. 그러니 아파트 가격이 떨어져도 문제가 되지 않는다. 아파트 가격이 오르면 보너스라고 생각하면 된다. 일반적인 아파트가 아니라 물가가 오르는 만큼 전세가가 오르는 인기 많은 소형 아파트를 중심으로 구입해서 죽을 때까지 계속 수익을 얻자는 것인데, 부담을 느끼시는 것 같다.

  사실 필자는 이 분들처럼 연세가 많으신 부부, 특히 대출에 대해 거부감이 많은 부부에게는 대출을 받으라고 말하지 않는다. 대신 지금 갖고 있는 아파트를 조금 줄여 이사하고 남은 돈으로 연금보다 소형 아파트를 구입하는 방법을 제안한다. 그 소형 아파트에서 나오는 전세 상승분으로 노후를 준비하는 것이다.

  하지만 전문가가 아무리 강조해도 본인이 행동으로 옮기지 않으면 소용이 없다. 듣기로는 이 분들은 연금에 가입하셨다고 한다. 아쉬움이 많이 남았다.

  독자 여러분은 투자에 대한 생각을 어떻게 갖느냐에 따라 나중에 생활의 질이 크게 차이가 날 수 있으며 같은 5억 원이라도 어떻게 운용하느냐에 따라 자산이 몇 배로 늘어날 수 있다는 것을 잊지 않기를 바란다.

05
땅 부자가 정말 부자일까?

　필자가 알고 있는 분들 중에 땅 부자라는 소리를 듣는 어르신 부부가 있다. 과거에 논 등 많은 땅을 상속으로 물려받으셨는데 지금은 60세가 넘으셨다. 실제로 굉장히 많은 논과 밭을 갖고 계시고 그 외에 땅도 많이 갖고 계셨다. 나름 부동산 부자라고 할 만한 분들이다.

　그런데 한 번 생각해보자. 이 분들이 가지고 있는 땅에서 매월 또는 매년 무슨 돈이 나오나? 이 분들은 직접 농사하지 않고 다른 사람들에게 짓게 한 다음, 쌀이나 다른 농산물로 받는다고 한다. 즉, 논과 밭 등이 이 분들에게 현금을 만들어주는 것이 아니다. 과연 이것이 좋은 재테크일까?

　땅은 팔아야 돈이 생긴다. 팔기 전까지는 주인에게 돈을 만

들어주지 못한다. 그런데 땅이라는 것이 팔고 싶어도 잘 팔리지 않는다. 주변 지역에 대해 개발계획이 발표되거나 그 땅을 사려는 사람이 나타나지 않는 한 팔리지 않는다. 그리고 땅이 아파트와는 달라 공급 대비 수요가 많지 않다. 그러므로 땅이 있다면 기본적으로 오랫동안 묶여 있을 가능성이 높다.

현실적으로 땅을 많이 갖고 있다고 해도 여유 있게 살지도 못한다. 돈에 쪼들리면서 사는 사람도 많다. 예전에 가입했던 연금만 받는 경우도 많다.

땅을 빨리 파시는 것이 어떠신지 물어도 팔려야 팔 수 있지 않느냐며 오히려 반문하신다. 그러면서 땅 부자는 팔기 전까지 부자가 아니라는 사실을 다시금 알게 되었다. 땅이 아무리 많아도 현금이 들어오지 않는다면 부자가 아닌 것이다.

필자는 땅만 많은 분들을 많이 만나면서 투자 초반에는 땅에 투자하는 것이 좋지 않다는 사실을 알게 되었다. 나중에 거대한 부자가 되고 나서 땅을 투자하는 것이 낫다.

Part

07

갭 투자,
이렇게 하면 실패한다

"

이번 장에서는 독자 여러분이 반면교사를 삼으면 좋겠다는 바람으로 필자가 투자하면서 실패한 사례를 담았다. 이 사례를 통해 투자에 실패하지 않는 여러분이 되길 바란다.

"

01
수업료 2억 원

　지금까지 소형 아파트 투자에 대해 이야기해서 독자 여러분은 필자가 그저 좋은 소형 아파트만 갖고 있다고 생각할 수 있다. 물론 필자도 그랬으면 좋겠다. 하지만 필자라고 왜 실수 사례나 실패 사례가 없겠는가?
　지금 말하려는 실패 사례는 지금 생각해도 화가 치밀어 오른다. 왜 그런 바보 같은 결정을 했는지 스스로 이해가 안 되는 B 아파트.
　당시에 필자는 항암치료 투병 중이었지만 아픈 몸을 이끌고 보험설계사로 미친 듯이 움직이고 있었다. 정말 성공하고 싶었고 부자가 되고 싶었고 그러기 위해서는 소형 아파트가 성공의 유일한 투자방법으로 생각했다. 그래서 오직 소형 아파트만을 갖고 일을 했다.

　주변 동료들은 필자를 보고 미쳤다고 했다. 어떻게 저 아픈 몸을 이끌고 저렇게 일을 하느냐고 하면서 돈에 환장한 놈이라는 말까지 들었다.

　하지만 필자는 그러한 상태에서도 일을 했다. 그것도 건강한 사람들보다 더 많은 시간을 말이다. 자리 옆에 라꾸라꾸침대를 놓았다. 몸이 견디지 못할 때는 그 침대에서 자다가 다시 일어나는 것을 반복하면서 일을 했다.

　그러던 어느 날, 지방에 있는 중개업소에서 전화가 왔다. ○○에 좋은 소형 아파트가 하나 있으니 빨리 내려오라는 전화였다.

　위치가 복합버스 터미널 인근 한복판이었고 향후에 발전 가능성이 많다고 하는데 17평 아파트의 매매가가 겨우 6,000만 원이었다. 만일 여러분 같으면 어떻게 하시겠는가? 발전 가능성이 있는데도 평당 겨우 350만 원 정도인 이 소형 아파트를….

　필자는 소개해준 사람에게 돈은 얼마든지 드릴 테니 좀 더 많이 구해달라고 이제 남은 것은 없다면서 너스레를 떠는 그 사람에게 부탁하고 또 부탁했다. 이 사람의 노력(?) 덕분에 6채를 구입하게 되었다.

당시에는 얼마나 기뻤는지 모른다. 너무 기쁘고 고마운 나머지 꽤 많은 사례비를 이 사람에게 주기도 했다. 그런데 이 아파트들이 지금 필자에게 얼마나 큰 아픔이 되었는지 모른다.

이 아파트를 사겠느냐는 말에 바로 사겠다면 아직 이 책의 내용을 다 이해하지 못한 것이다.

필자는 갭 투자의 조건으로 '매매가와 전세가의 차이'에 대해 계속 말했다. 즉, 매매가 6,000만 원의 17평 아파트를 사겠느냐는 질문을 받으면 우선 전세가를 물어봐야 한다. 전세가를 물어보려고 했다면 이 책의 내용을 제대로 이해하고 있는 것이다.

6,000만 원으로 아주 저렴했지만 당시에 전세가가 2,000만 원이었다. 그리고 대출이 2,500만 원이 있었다. 여러분 같았으면 이런 아파트를 샀겠는가? 절대 사지 않을 것이다. 이런 아파트는 투자 대상이 아니라 (투자 가치가 없는) 쓰레기일 뿐이다. 그런데 필자가 이런 아파트를 6채나 산 것이다. 6채나 말이다.

6채를 사는 데 세금, 사례비까지 포함해 2억 원 가까이 들어갔다. 그 2억 원은 그냥 쉽게 번 돈이 아니라 항암치료를 받으면서 어렵게 번 돈이다.

그렇다면 지금 이 아파트의 전세가는 얼마가 됐을 것으로 생각되는가? 그래도 오르지 않았을까 생각하는가? 여전히 2,000만 원이다. 그리고 세입자를 구하기도 쉽지가 않다. 매번 세입자를 구할 때마다 여간 힘든 게 아니다.

그렇다면 지금 이 아파트의 매매가는 올랐다고 생각할 수 있겠지만 5,800만 원이다. 8년 전에 산 것이니 8년 동안 오히려 가격이 떨어졌다. 인기가 워낙 없는 소형 아파트여서 전세가는 오르지도 않고 매매가는 오히려 떨어지는 현상을 필자가 겪고 있다. 그것도 1채가 아니라 6채에서 말이다.

이 아파트를 소개해준 그 사람은 어디에서 무엇을 할까? 지금은 전화를 해도 연결이 되지 않는다. 결번이라는 음성만 나올 뿐이다.

이 아파트는 팔고 싶지만 팔리지가 않는다. 하긴 누가 이런 아파트를 사겠는가?

지금도 이 아파트만 생각하면 마음이 너무 아프다. 얼마나 바보 같았으면 소위 부동산 브로커들의 밥이 되어 피 같은 2억 원을 날린 것일까? 지금 생각해도 너무 한심하게 느껴진다. 정말 큰 수업료를 지불한 실패 사례다.

아무리 소형 아파트라고 해도 매매가와 전세가의 차이가 크면 절대로 투자하면 안 된다는 말을 하고 싶다.

02
3채에 1억 원짜리 쓰레기

필자도 투자 초반에는 소형 아파트에 대한 정보가 많지 않았다. 그러다 보니 소형 아파트 투자를 대행해주는 온라인 카페 등을 통해 구입한 적도 있었다. 당시 필자는 그저 소형 아파트라고 하면 무조건 보물이라고만 생각했었다.

한 온라인 카페에서 아산에 있는 소형 아파트를 추천했다. 삼성전자가 아산에 공장을 증설할 예정인데 그렇게 되면 수많은 젊은 사람이 아산으로 올 것이므로 이곳에 소형 아파트를 사면 엄청난 행운을 얻는다는 추천이었다. 그러면서 미래의 수익률까지 계산해서 보여줬다.

초보였던 필자는 이곳의 소형 아파트를 사고 싶어서 군침을 흘렸다. 또한 유명한 온라인 카페에서 투자하라고 하니 정말 좋은 소형 아파트라고 생각했다.

필자는 이 온라인 카페를 통해 1억 원으로 소형 아파트 3채를 구매했다. 그것도 간신히 구매했다. 더 사고 싶었지만 사려는 사람이 워낙 많았기 때문이다. 삼성전자의 직원들이 필자의 아파트에 살 그 날만을 기다렸다.

직접 그 소형 아파트를 찾아가 보니 많이 허름했다. 하지만 수많은 사람이 이 아파트에 들어오고 싶어 하는 그 날이 멀지 않았다는 생각에 뿌듯하기만 했다.

하지만 삼성전자의 공장 증설은 계획만 있었다. 현실로 이뤄지지 않은 것이다. 또한 필자가 구입한 그 아파트는 시 외곽에 있어서 수요가 그리 많지 않았다. 게다가 그 아파트 인근에 있던 땅에 갑자기 소형 아파트 1,000세대를 짓기 시작하는 것이 아닌가!

아산의 소형 아파트를 구입한 후부터 지금까지 마음이 편한 날이 없었다. 세입자를 구하는 것이 하늘의 별따기보다 더 어려웠다. 그렇게 세입자를 구하기가 어려워서 예전의 낮은 전세가보다 못한 아주 낮은 월세로 외국인 노동자가 거주하고 있다. 이 얼마나 어처구니없는 일인가?

아무것도 모르니 온라인 카페를 무조건적으로 믿었고, 또한 미래에 수익이 생길 것이라는 예상만 갖고 투자한 결과가 바로 이러한 실패를 낳은 것이다.

팔려고 부동산 중개업소에 내놓아도 팔리지 않고 있다. 전세가는 오르지 않았을까? 아니다. 이 아파트를 구입한 이후부터 지금까지 전세가를 한 번도 올려본 적이 없다. 그냥 1억 원을 쓰레기를 사는 데 쏟아 부은 것과 같다.

이 아파트 사례와 연결되는 에피소드가 하나 더 있다. 필자가 사고 나서 6개월 정도 지났을 때 뭔가 잘못 투자한 것 같다는 의심이 들 때, 이 아파트를 소개해주었던 온라인 카페에서 연락이 왔다. 아산에 너무나 좋은 또 다른 소형 아파트가 나온 게 있으니 빨리 투자를 하라는 연락이었다.

당시 필자는 이 카페에 대해 점점 의심이 커지던 시기여서 무턱대고 투자할 수 없었다. 투자를 판단하기 위해 직접 가보기로 했다. 그런데 그 아파트를 보자마자 필자는 놀라지 않을 수가 없었다. 아산시에서 한참 떨어진 외곽의 산 밑에 있는 400세대 정도의 아파트였다. 오래전에 지어져서 관리도 잘 되지 않았고 많이 허름했다. 그리고 대부분 노인들만 살고 있었다. 이런 아파트를 정말 좋은 아파트라면서 빨리 구입하라고 계속 연락하다니…. 이 온라인 카페에 속았다는 것을 필자는 확실히 알게 되었다.

필자의 이러한 실패사례를 보면서 여러분은 무엇을 느꼈는가? 온라인에 떠돌아다니는 수많은 소형 아파트 투자 카페를 무조건 100% 믿지 말라는 말을 하고 싶다.

부디 여러분은 필자가 겪은 실패를 겪지 않았으면 한다. 그 실패에 따른 경제적, 정신적 고통은 참으로 크다.

03
대박을 꿈꿨던 투자

　필자도 투자 초반에는 좋지 못한 아파트만 구입했다. 그 바람에 거의 4억 원에 가까운 돈을 쓰레기 같은 아파트에 쏟아부었으니 그 속이 오죽했겠는가? 게다가 항암치료를 받으면서 힘들게 번 돈들이었다.

　소형 아파트 투자에서 실패하자 재개발로 눈을 돌리게 되었다. 지금 생각해보면 너무나도 어처구니가 없는 생각이었지만 당시에는 소형 아파트 투자에 계속 실패하는 바람에 재개발로 관심을 돌린 것이다.

　재개발로 눈을 돌리고 수도권 지역을 수도 없이 돌아다녔다. 인터넷을 통해 미리 재개발하는 지역이나 예상 지역을 검토했다. 그런 다음, 그 지역들을 계속 돌아다니며 연구를 하고 또 했다.

　그러던 와중에 재개발이 예정된 지역의 주택을 소개하려는 사람이 있다는 지인의 말을 듣고 찾아갔다(앞에서 이미 말한 사람인데 여기서 좀 더 자세히 이야기하려고 한다).

　사무실에 도착하니 (소개하려는 사람인) C는 기독교 TV를 시청하고 있었다. 그 이후에도 갈 때마다 C는 항상 기독교 TV를 보면서 마음을 순화시키며 착하게 살기 위해 노력 중이라고 말했다. 그때 필자는 왜 그 말을 믿었던 걸까? 그 가식적인 말을 왜 판단하지 못했던 걸까?

　필자는 C가 매우 양심적이며 착한 사람이라고 오판을 하는 바람에 소개해준 주택을 겁도 없이 3억 원대 중반에 구입했다. 이 지역은 재개발을 할 수밖에 없어서 엄청난 수익이 날 것이라는 말에 그 큰 3억 원을 내고 구입한 것이다. 낡을 대로 낡았고 출입구도 대로변이 아니라 좁은 골목 안으로 꽤 들어가야 할 정도로 좋은 조건을 갖추지 못한 주택을 말이다. 그저 곧 재개발이 이뤄질 테니 이 정도도 싼 것이라는 C의 말만 전적으로 믿고 무턱대고 구입을 해버렸다. C에게 사례비로 1,000만 원 이상을 줬다. 바보처럼 말이다.

　하지만 역시나 재개발은 없었다. 또한 구입한 이후부터 소개해준 C는 필자를 아는 체도 잘 하지 않았다. 아예 이사를 가

버렸다. 이후에 전세 세입자를 구하기가 너무 어려웠고 그나마 전세 만기가 될 때마다 리모델링 공사를 해줘야 구할 수 있었다. 이 주택에 들어간 리모델링 공사비만 해도 수천만 원이 넘었다. 또한 누수문제로 옆집 주인과 분쟁에 시달리기까지 했다.

재개발이 곧 된다는 큰 기대가 나중에는 너무나도 힘들게 한 주택! 결국 큰 손해를 보고 다른 사람에게 간신히 넘겼다. 쓴웃음만 나올 뿐이다.

필자와 같은 사람에게 환심을 사기 위해 기독교 TV만 본다면서 쓰레기 같은 집을 소개해주고 1,000만 원 이상의 소개비를 받아 챙긴 C, 그리고 너무나 순진해서 C와 같은 사람에게 속았던 과거의 필자.

돈을 벌기는 힘들어도 속아서 몇 억 손해 보는 것은 쉽다는 사실을 알았다. 필자는 이 일이 있은 후부터 부동산과 관련해서는 아무도 믿지 않는 습관이 생겼다. 무지하다는 이유만으로 큰돈을 너무 쉽게 잃어버린 결과였다.

04
강남의 소형 오피스텔이 미치게 만들다

한창 소형 아파트에 투자를 집중하던 6년 전쯤에 우연히 길을 걷다가 강남에 있는 오피스텔을 아주 저렴한 금액에 투자할 수 있다는 전단지를 보게 되었다. 다른 때 같았으면 그냥 무심코 지나갔을 텐데 이상하게 그 전단만큼은 뚫어지게 보게 되었다. 지금 생각해봐도 신기하다. 그때 필자가 왜 그랬는지 모르겠다. 어쩌면 강남 한복판에 필자의 이름으로 된 아파트나 오피스텔을 가질 수 있다는 희망 때문이었을까?

필자는 그 전단지를 보고 바로 분양 사무실로 달려갔다. 가격이 싸면 사고 싶다는 생각밖에 없었다. 우리나라 최고의 지역인 강남인데 수요는 충분하지 않겠나 싶었다.

분양 사무실에 가보니 견본 주택을 보여줬다. 아주 깨끗해서 마음에 들었다. 게다가 처음 가격보다 1,000만 원 이상 할인하는 중인데 지금 계약하지 않으면 그 할인이 끝난다는 것이 아닌가. 전세나 월세 세입자는 분양 사무실에서 책임지고 구해준다고 했다.

분양가는 3억 원이었다. 월세에는 관심이 없었기에 전세가는 얼마에 맞출 수 있겠냐고 물어보니 2억 5,000만 원 가까이에 구할 수 있다고 했다.

갭(차이)이 크긴 했지만 그래도 강남이니 시간이 지나면 단시간에 전세가가 3억 가까이 오를 것이라는 생각이 들어 바로 계약했다. 하지만 지금은 그 계약을 '악마의 계약'이라고 한다. 필자는 왜 좀 더 생각하지 않고 이런 악마의 계약을 했을까?

필자가 계약할 당시에는 이 오피스텔이 강남의 최고가 될 것이며 전세와 월세 수요가 어마어마할 것이라고 자신했었다. 하지만 시간이 갈수록 그 자신감은 온데간데없이 사라졌다. 결국 나중에 전세 세입자를 얼마에 구했는지 아는가? 1억 8,000만 원에 구했다. 그것도 아주 간신히.

이 오피스텔 투자에 들어간 돈이 1억 2,000만 원, 세금과 등기비용만 1,500만 원 가까이 들어갔다. 오피스텔 1채 사는데 1억 3,500만 원이 들어간 것이다.

분양 직원에게 화를 낸들 뭐하겠는가? 이런 사람들이야 분양만 하고 거기서 자기 수입만 얻으면 다 아니겠는가? 전세에 대해 책임질 일도 없다. 아무리 화를 내고 별의별 짓을 다해도 전세가를 높게 올릴 수 없는 지경이었다.

오피스텔을 분양받아서는 절대 안 된다는 사실을 그때서야 절실히 느꼈다. 거의 모든 오피스텔이 처음에 워낙 높은 분양가로 팔기 때문에 그때 분양받으면 건설회사의 호구가 된다는 사실도 알았다. 그 이후부터 필자는 절대로 오피스텔을 분양할 때 사지 않는다.

이 오피스텔은 그동안 전세가가 올랐지만 그래도 전세가 2억 3,000만 원이다. 과연 이것이 올바른 투자라고 생각하는가? 만약 1억 3,500만 원으로 소형 아파트를 샀다면 지금 엄청난 수익을 얻었을 것이다. 아파트 수만 해도 6년 동안 수십 채가 되었을 것이다. 그리고 그 수십 채에서 나오는 수익으로 사고 싶은 것은 막 샀을 것이다.

하지만 잘못된 투자 한 번으로 엄청난 자금이 계속 움직이지 못하고 오피스텔에 갇혀 썩는 꼴이 된 것이다. 지방에서 몇 번 실패를 하는 바람에 서울 강남에서 한 번에 크게 성공하겠다는 그 못난 욕심이 이런 실패를 가져온 것이다.

앞에서 말한 원칙만 제대로 지켰어도 이런 큰 금액이 드는 잘못된 투자는 하지 않았을 것이며 많은 후회도 하지 않았을 것이다. 가끔 우연히 강남에 있는 필자의 오피스텔 앞을 지나갈 때면 쓴웃음만 나온다.

  지금도 길거리에 오피스텔 분양광고의 전단지를 보면 제발 다른 사람들은 저 광고를 보고 속지 않기를 바라는 마음뿐이다.

05
2,000만 원 손해를 본 서울의 소형 아파트 투자

앞에서 말한 사례는 필자가 처음 투자를 시작했던 초보자 시절에 겪은 일이었다. 그래서 아무것도 몰랐기 때문에 그랬다고 할 수 있다. 워낙 빨리 부자가 되고 싶은 마음이 컸고 지방이라도 광역시 시내 한복판에 소형 아파트를 갖는다는 것이, 서울 강남에 번듯하게 내 명의로 된 오피스텔을 갖는다는 것이 당시에는 꿈만 같았다. 큰돈을 손해 봐서 가슴이 아프지만 그래도 큰 가르침을 받은 사례였다. 그런데 이번에 말하려는 실패 사례는 불과 1년 전의 일이다.

필자처럼 소형 아파트 투자를 전문으로 하는 사람에게도 서울에 아파트를 갖는 것이 바람이다. 물론 서울에 아파트를 구입하려면 수도권이나 지방보다 훨씬 많은 돈이 들어가기 때문에 부담이 크다. 하지만 서울에 내 소유인 아파트 한 채를 너무나도 갖고 싶은 것이 사실이다. 필자뿐만 아니라 다른 사람들도 다 그럴 것이다.

그런 바람이 있는 중에 필자의 레이더에 한 아파트가 걸렸다. 매매가가 3억 원대 후반인 24평형 아파트였다. 전세가와의 차이는 3,000만 원 정도였다. 전세가가 매매가 대비 90% 넘어서 투자대상으로 좋아 보이는 아파트였다.

당시에는 지방의 투자자나 투자회사가 서울의 아파트를 싹쓸이하던 때라 그 아파트를 갖기 위해서는 생각할 여유가 없었다. 그냥 질렀다고 보면 된다.

이 아파트의 등기가 끝나고 정확히 필자의 소유가 되었을 때 얼마나 기뻤는지 모른다. 드디어 서울에 소형 아파트를 가졌다는 기쁨에 완전히 취했다. 하지만 그 기쁨도 오래 가지 못했다.

5개월 정도 지나던 어느 날, 세입자가 회사에서 다른 지역으로 발령이 났다며 이사를 가겠다고 전했다. 이 또한 얼마나 기쁜 일인가. 전세가를 더 올려서 다른 세입자와 계약을 할 수 있으니 말이다.

다른 전세 세입자를 알아보려고 부동산 중개업소에 갔는데, 오히려 전세가가 2,000만 원 정도 떨어졌다고 하는 것이 아닌가! 그 이야기를 듣고 어이가 없었다. 강의하면서 전세가는 떨어지기 힘들다고 말하는 자칭 소형 아파트 전문가인데 정작 5개월 만에 전세가가 떨어지는 아파트를 갖고 있었으니까.

왜 이런 현상이 발생했을까? 갭 투자에 성공하기 위해서는 시간이 지나면서 물가가 오르는 것에 비례해 전세가도 자연스럽게 오르는 소형 아파트에 투자해야 한다.

그런데 당시 필자가 그 아파트를 구입할 때 놓친 부분이 있었다. 바로 인근 지역의 재개발 여파로 전세 수요가 갑자기 급등하는 바람에 전세가가 폭등을 하고 있던 시기적인 요소를 놓쳤던 것이다. 전세가가 폭등하니 당연히 매매가와 전세가의 차이가 매우 작아졌다.

매매가가 갑자기 떨어지는 바람에 또는 전세가가 갑자기 폭등하는 바람에 매매가와 전세가의 차이가 갑자기 작아지는 소형 아파트는 절대 투자하면 안 되는데 필자가 그런 실수를 저지른 것이었다.

결국 기존 세입자를 내보내고 새로운 세입자를 들이면서 필자의 2,000만 원이 더 들고 말았다. 다시 말해 2,000만 원을 손해 본 꼴이 된 것이다. 이 얼마나 바보 같은 행동이었단 말인가?

갭 투자 관련해서, 소형 아파트 투자 관련해서 수많은 투자를 하고 수많은 강의를 한 필자가 서울에 아파트를 사려는 욕심이 앞서 이렇게 손해 보는 장사를 한 것이다.

지금도 이 아파트의 전세가는 변함이 없다. 아직 오르지 않고 있다. 주변 지역의 재개발로 인한 전세 광풍이 한 번 지나가더니 그 이후로 전세시장이 아주 평온하고 조용하다.

그래도 '수업료 2억 원'의 사례보다 큰 피해를 준 것은 아니지만 이번 사례를 통해 필자는 다시 한 번 큰 가르침을 받았다. 독자 여러분도 이런 아파트는 절대로 투자하지 않기 바란다.

06
전세가 비율이 높은 지방의 아파트가 힘들게 하다

처음에 소형 아파트를 알아보기 위해 정말 많은 지방을 돌아다녔다. 부자가 되는 방법은 오직 지방의 소형 아파트 투자밖에 없다고 믿었기 때문이었다. 그렇게 계속 지방을 돌아다니다가 한 지방의 소형 아파트가 눈에 들어왔다. 집값 8,000만 원인데 전세가 6,800만 원인 소형 아파트였다!

이 책을 읽은 여러분이라면 이런 아파트를 구입하겠는가? 아니면 구입하지 않겠는가? 바로 구입하겠다고 말할 것이다. 필자도 당시에 이 소형 아파트를 4채 정도 구입했다. 보물이라고 확신했기 때문이다.

하지만 이 아파트는 필자에게 기쁨을 주지 못했다. 구입한 지 6년이 지났는데도 현재 전세가는 7,000만 원밖에 되지 않는다. 매매가도 별로 오르지 않았다. 분명히 보물이라고 주장한 매매가 대비 전세가가 85% 이상인 소형 아파트였고 시청 바로 앞에 있을 만큼 위치도 나쁘지 않았다. 그런데 왜 그럴까?

바로 이 도시에는 산업단지가 존재하지 않았다. 즉, 도시가 역동적이지 않았고 인구 유입도 없었다. 그냥 조용한 도시였다. 이런 지역의 소형 아파트는 전세비율이 높아도 그 전세가가 다시 한 번 힘차게 오르기 힘들다는 것을 알았다.

6년이 지나도록 전세가가 200만 원 정도 오르는 아파트는 차라리 구입하지 않는 것이 더 낫다.

이 아파트를 구입할 때 필자는 보물이라고 생각해서 매우 기분이 좋았다. 하지만 이제야 깨달았다. 지방의 경우 거대한 산업단지가 없거나 큰 직장 군이 없다면 소형 아파트라고 해도 큰 이익을 기대하기 힘들다는 것을.

그저 전세가 비율만을 갖고 소형 아파트 투자를 해서는 안 된다. 그 아파트가 있는 도시의 제반환경을 잘 따진 다음에 투자를 해야 한다.

| 박정수의 투자 조언 10계명 |

이것만 지키면 부자가 안 될 수 없다

1. 돈을 깔고 있지 않는다.

돈이 나를 위해 움직이게 만들어야지 은행에 재워 두거나 집안에 꽁꽁 묶어 두는 건 바보 같은 짓이다.

2. 제대로 된 복리를 이용해 목돈을 만든다.

은행 저축이나 금리형 금융 상품을 이용해서 돈을 모아 봤자 나중에는 물가 상승률도 따라가지 못한다. 즉, 가만히 앉아서 돈을 잃어버리는 것이다.

돈이 제대로 굴러가게 만들어야 한다. 현재 홈쇼핑이나 은행, 광고 매체에서 떠드는 복리 상품은 제대로 된 복리가 아니며 당신의 돈을 갈취할 뿐이다.

3. 목돈이 모이면 소형 아파트를 구입한다.

인구가 계속 유입되고 산업단지가 있는 지역의 소형 아파트는 매우 매력적이다. 시간이 지나도 그만한 물건을 찾을 수 없다.

　수요는 계속 늘지만 공급은 부족한 부동산이 바로 소형 아파트다. 소형 아파트는 나중에 금보다 더 큰 경제적 효과를 낼 수 있다. 단, 전세를 끼고 되도록 소액으로 투자할 수 있는 소형 아파트에 투자해야 한다.

4. 소형 아파트를 최대한 늘려 나간다.

　소형 아파트를 1채나 2채에 만족하지 말고 10채, 20채를 만들어야 한다. 10채는 10배의 효과를 내는 것이 아니라 20배, 30배의 효과를 만든다. 직접 경험해보면 안다. 제발 따지려 하지 말고 무조건 실행하라.

　1채에서 5채까지 만들기는 어렵지만 10채에서 20채가 되는 것, 20채가 30채가 되는 것은 정말 쉽다. 내 돈을 들이지 않고도 말이다.

5. 현금 흐름에 초점을 맞춘다.

　사람들 대부분은 시세 차익에만 초점을 맞춘다. 하지만 시세 차익에 관심을 두지 말고 무조건 현금 흐름에 초점을 맞춰야 한다. 내 주머니에 현금이 들어오게 만들어야 부자가 될 수 있다.

6. 아파트를 통한 현금 흐름으로 돈이 계속 구르게 한다.

돈이 은행에 있으면 썩은 물이나 다름없다. 돈은 계속 굴러야 한다. 그렇게 굴리고 모아서 또 다른 실물에 투자하는 것이다.

7. 부자가 되어야 한다는 강한 의지를 갖는다.

똑같은 인생, 똑같은 삶인데 나는 왜 부자로 살면 안 되는가? 그동안 우리가 알고 있던 재테크 지식은 대부분 잘못되었다고 해도 과언이 아니다.

우리 주변의 재무설계사들도 솔직히 부자가 아니며 부자 되는 방법도 알지 못한다. 이런 사람들에게 배울 건 하나도 없다.

제발 제대로 된 투자를 통해 부자가 되자. 당신은 멋지게 살아갈 가치가 있다. 멋지게 살라고 이 세상에 태어난 것 아닌가?

8. 누가 뭐라 해도 귀를 막고 위의 방법을 고수한다.

주변에서 조언하는 사람들은 거의 다 아마추어이거나 당신을 통해 어떤 이익을 얻으려는 사람들이다. 그런 사람들의 말은 듣지도 말라. 필자도 그런 말에 많이 속았다. 세상에 나를 진심으로 도와주는 사람은 없다고 봐도 된다.

9. '박정수'를 최대한 이용한다.

여러분의 인생에서 이 책의 저자인 '박정수'라는 사람이 큰 나침반 역할을 하거나 큰 도움을 줄 것이다. 다시 말하지만 세상에 여러분을 진심으로 도우려는 사람은 없다.

어떻게 재테크를 해야 하는지 모르겠다면 필자에게 컨설팅을 받아라. 여러분의 인생을 바꿔줄 자신이 있다. 인생을 지금과 다르게 바꿔서 멋지고 당당한 사람으로 거듭나고 싶지 않은가?

10. 재테크 정보는 부자로 만들어주지 않는다.

우리가 아는 여러 가지 재테크 정보는 우리를 부자로 만들어주지 않는다. 나에게 큰 도움이 될 만한 정보가 쉽게 돌아다닐 것 같은가? 그렇게 유용한 정보라면 부자들이 잘 퍼뜨리지 않는다. 그러니 자잘한 재테크 정보에 관심 두지 말고 인생의 큰 그림을 그려라. 그 그림을 이루기 위해 필자를 만나도 좋다. 지금까지와는 달리 희망과 빛이 보일 것이다. 그리고 수년 안에 정말 부자가 될 것이다.

| 글을 마치며 |

필자의 수많은 실패가
여러분에게 성공의 밑거름이 되길

   그동안 필자가 투자하면서 겪은 실패의 사례는 앞에서 말한 것 외에도 많다. 필자가 잘 몰라서 잘못 투자한 경우도 있었고, 부동산 갖고 장난을 친 사람들에게 걸린 적도 있었다. 투자 경험이 그렇게 많았을 때 실수한 경우도 많았다.

   사실 사람이란 이렇게 많은 실수와 실패를 통해 배우는 것 아니겠는가 싶다. 대신 이런 실패에 연연하지 않고 계속 용감하게 투자하는 행동이 중요하다. 실제로 필자도 실패에 연연하지 않은 채 처음에는 지방에 있는 소형 아파트에 수없이 투자를 했다. 그리고 그 지방 아파트의 전세 상승분으로 또 다른 아파트를 구입했다. 종종 전세 만기가 되기 전에 기존 세입자가 이사를 가면 다른 세입자를 구하면서 예상보다 더 빨리 현금(전세 상승분)을 확보할 수 있었다.

이렇게 모인 돈으로 수도권에 소형 아파트를 구입해 나갔고 갈수록 전세 상승분의 폭이 커져 더 많은 현금을 확보했다. 현금이 확보되는 대로 쉬지 않고 소형 아파트를 계속 구입했다.

처음 소형 아파트를 살 때에는 1채가 2채, 2채가 4채, 4채가 8채 되는 과정이 오래 걸렸다. 그런데 50채가 100채, 100채가 150채, 그리고 300채가 되는 것은 필자가 느끼기에도 놀랄 정도로 빨리 진행되었다. 참 신기했다.

어떨 때는 이렇게 빠르게 아파트 수가 증가하는 것에 대해 무섭기까지 했다. 꼭 폭탄이 폭발하는 것처럼 기하급수적으로 아파트의 수가 증가했다. 필자도 100채가 될 때까지는 이론만으로 그럴 것이라고 생각했다. 그런데 100채가 된 다음부터 빨라지는 아파트 구입 속도에 많이 놀랐다.

현재 갭 투자를 통해 필자가 소유하고 있는 소형 아파트는 300여 채다. '투자 실패'라고 결론내린 소형 아파트를 제외해도 300여 채다. 이 300여 채의 소형 아파트가 필자를 위해 오늘도 열심히 움직이면서 또 하나의 성공 사례와 엄청난 현금을 끊임없이 만들어주고 있다. 소형 아파트를 대상으로 한 갭 투자는 필자의 인생을 완전히 바꿔놓았다.

아파트는 생명이 없다고 생각하지만 필자는 그렇지 않다고 생각한다. 필자를 위해 열심히 일을 해주고 있으니 말이다. 소형 아파트들이 필자에게 행복과 기쁨을 주고 있으며 아울러 다른 사람들에게 베푸는 인생을 살면서 이렇게 책을 쓰라고 동기를 부여해주는 것 같다.

독자 여러분도 필자처럼 소형 아파트를 대상으로 한 갭 투자로 부자가 되길 진심으로 바란다. 여러분은 이 책을 통해 필자가 겪은 실패를 피할 수 있다. 그것만 해도 얼마나 큰 행운인가?

필자가 처음 투자했을 때는 이런 책도 없었고, 소형 아파트에 대한 자세한 정보도 없었다. 그래서 수많은 실패를 겪었고 엄청난 손실도 있었다. 하지만 여러분은 이 책을 통해 그럴 확률을 크게 줄일 수 있을 것이다.

부디 여러분도 필자처럼 성공의 반열에 올라 함께 자유를 누리며 살자. 필자의 이 책이 여러분을 그렇게 만들어주는 큰 계기가 되리라 확신한다.

대신 여러분은 지금 하고 있는 일에서 최선을 다해 최고가 되길 바란다. 그게 이 책을 읽는 여러분이 해야 할 의무다. 여러분이 최선을 다해 노동을 하고 그 결과적 부산물로 소형 아파트가 여러분을 부자로 만들어 줄 것임을 명심하자.

그게 바로 진정 올바른 부자의 모습이라고 필자는 주장하고 싶다. 부디! 우리 함께 거대한 부자가 되어 보자.

박정수